志愿服务丛书
VOLUNTEER SERVICE SERIES

助残志愿服务

ZHUCAN ZHIYUAN FUWU

主编◎万　谊

南京出版传媒集团
南京出版社

图书在版编目（CIP）数据

助残志愿服务 / 万谊主编 . -- 南京 : 南京出版社

（志愿服务丛书）

ISBN 978-7-5533-3588-9

Ⅰ . ①助… Ⅱ . ①万… Ⅲ . ①残疾人—志愿—社会服务—中国 Ⅳ . ① D699.69

中国版本图书馆 CIP 数据核字（2021）第 276144 号

丛 书 名　志愿服务丛书
书　　名　助残志愿服务
主　　编　万　谊
出版发行　南京出版传媒集团
　　　　　南 京 出 版 社
社址：南京市太平门街53号　　邮编：210016
网址：http://www.njcbs.cn　　电子信箱：njcbs1988@163.com
联系电话：025-83283893、83283864（营销）　025-83112257（编务）

出 版 人　项晓宁
出 品 人　卢海鸣
责任编辑　刘　娟
装帧设计　王　俊
责任印制　杨福彬

排　　版　南京新华丰制版有限公司
印　　刷　南京鸿图印务有限公司
开　　本　787毫米×1092毫米　1/16
印　　张　10
字　　数　153千
版　　次　2022年1月第1版
印　　次　2022年1月第1次印刷
书　　号　ISBN 978-7-5533-3588-9
定　　价　28.00元

用微信或京东APP扫码购书

用淘宝APP扫码购书

总 序

※

习近平总书记指出："志愿服务是社会文明进步的重要标志。党的十八大以来，广大志愿者、志愿服务组织、志愿服务工作者积极响应党和人民号召，弘扬和践行社会主义核心价值观，走进社区、走进乡村、走进基层，为他人送温暖、为社会作贡献，充分彰显了理想信念、爱心善意、责任担当，成为人民有信仰、国家有力量、民族有希望的生动体现。"

作为中国志愿服务事业的重要组成部分，青年志愿服务事业是党领导的共青团在新的历史条件下创新工作领域、服务社会需求的一大创举，极大地鼓励了亿万青年投身志愿服务的行列。为了进一步推动青年志愿服务事业的发展，弘扬志愿精神，宣传志愿文化，规范志愿服务组织和队伍的建设，共青团江苏省委根据共青团中央《中国青年志愿者行动发展规划（2014—2018）》和《关于加强青年志愿服务培训工作的方案》的有关要求，依托江苏省青年志愿者协会高校志愿服务专业委员会，结合志愿服务的工作实践，策划、编写了这套志愿服务丛书。

作为国内首套全方位、多领域、成体系指导志愿服务工作的丛书，其具有以下三个特点：

第一，权威性。本丛书自策划之始，严格按照共青团中央《中国青年志愿者行动发展规划（2014—2018）》和《关于加强青年志愿服务培训工作的方案》相关要求，结合纷繁复杂的具体情况，进行理论升华，构建了一个既有严密理论基础，又有广泛实践支撑的编写体例，保证了丛书的科学性和权威性。

第二，系统性。本丛书的编写过程是对青年志愿服务工作有关的内容加以系统化、规范化的创新工程。相比之前其他地区或部门总结的相关经验，本丛书无论是实践工作的横向跨度，还是理论支撑的纵深度，均体现出由点及线，再由线到面的系统性和专业性。

第三，实用性。本丛书包括通识类和分领域两个系列。其中分领域志愿服务涉及扶贫、环保、助残、关爱农民工子女等热点领域。如何让更多的青年志愿者在相对有限的时间内了解并掌握服务宗旨、服务内容、服务技能等知识，对于志愿服务项目的成功与否具有决定性的影响。本丛书的编写者均为具有丰富志愿服务活动组织、协调、推广经验的高校教师，了解组织志愿服务活动的关键“穴位”，更具有举一反三、提纲挈领的总结归纳能力。因此，本丛书极具实用性，可以作为青年志愿者参与各类志愿服务活动的实践指南。

希望本丛书的编写、出版，能够进一步加强教育引导，强化广大青年志愿者的志愿服务意识，提升专业领域志愿服务水平，为今后青年志愿服务事业的蓬勃发展奠定良好的基础。希望青年志愿者努力践行社会主义核心价值观，以实际行动书写新时代的雷锋故事，以青春梦想、用实际行动为实现中国梦做出新的贡献。

前　言

※

党的十九大报告提出决胜全面建成小康社会的战略目标，“弱有所扶”被正式写进报告。残疾人是社会结构中有着相当大数量的特殊弱势群体，加大对残疾人的扶助是今后民生领域的重要工作。在扶助过程中，志愿服务队伍是其中一个重要环节，直接关系到服务质量水平的高低和服务对象需求的满足程度。鉴于残疾人群的身心特点，亟须构建一支专业化、高质量的志愿服务队伍。

本书的编写遵循“双基”（基本知识、基本技能）和“双性”（适用性、操作性）的原则，针对助残志愿者的工作特点构建手册的框架体系。本书力求突出以下几个特点：一是框架体系上，按照基本常识到基本技能，最后到案例分享的框架编写，符合志愿者学习的认知规律；二是在内容编排上，突出助残服务的特点，以必需、实用为原则选择合适内容，做到理论与实践结合；三是在体例设计上，设置了关键术语提要、思考与讨论等模块，强调对志愿者知识技能综合运用能力和临床思维能力的培养。

本书分为两大部分，即助残志愿服务的理论知识和助残实务。

第一章、第二章是理论知识部分，主要涉及了残疾有关的概念、助残志愿服务的概念、助残志愿服务的基本原则与形式、助残志愿服务的开展情况、助残志愿服务的流程和技巧等。

第三章至第七章是助残实务部分，这部分内容主要涉及如何对肢体障碍、智力障碍、感觉功能障碍的残疾人提供志愿服务、如何关注残疾人心理问题以及志愿服务网络的构建等。

本书的编写团队是一群长期从事助残志愿服务的工作者们，他们有着满腔的热忱和丰富的经验，在此对各位编委的辛勤付出表示感谢。本书着眼于学以致用，可作为助残志愿者的培训手册及参考阅读书目，亦可供广大志愿服务工作者、特殊教育工作者、社会工作者参考。

本书在编写过程中参阅了有关专家、学者的著作和文献，也得到编者所在单位的大力支持，在此一并致谢！

尽管我们对书稿做了多次修订，但作者水平有限，所以书中可能会有不少疏忽和错误，恳切期望各位专家和读者多提批评意见，以便今后修改和完善。

编　者

目录

第一章　助残志愿从了解开始

※

第二章　助残志愿服务概况

※

第三章　为肢体残疾人士提供志愿服务

※

第四章　为智力残疾人士提供志愿服务

※

第五章　为感官功能残疾人士提供志愿服务

※

第六章　残疾人士心理辅导服务

※

第七章 助残志愿服务中的其他事项

※

第一章

助残志愿从了解开始

关心残疾人，做好残疾人的助残服务，是社会文明进步的重要标志。本章将介绍残疾和残疾人的概念，在厘清概念基础上介绍残疾人的特点、残疾人观的发展历程以及为残疾人提供便利的无障碍措施。

第一节　残疾与残疾人

※

残疾人包括肢体、精神、智力或感官有长期损伤的人，这些损伤与各种障碍相互作用，可能阻碍残疾人在与他人平等的基础上充分和切实地参与社会。关于残疾人的概念，不同组织及国家的相关公约和法律中有不同的阐述。

一、残疾与残疾分类

（一）残疾概念的界定

自从有了人类社会就有残疾的出现。“残疾”是人类社会的固有现象。顾名思义，残疾的意思是因伤或病而导致器官缺损或功能缺失。由于不同的时代背景，不同的地域风格以及不同的文化背景，人们对“残疾”的定义也各为不同。国外学者汤逊德（Toashsent）曾将全世界23种残疾的定义归纳为五大类[①]：畸形或损失、临床症状、日常活动功能限制、由于异常而造成的残疾、由于不利条件而造成的残疾。

目前最为权威的“残疾”概念是由1980年世界卫生组织出版的《国

① 迈克尔·奥利弗．残疾人社会工作[M]. 谢子朴，谢泽宪，译．北京：华夏出版社，1990：40-42.

际残损、残疾和残障分类》（International Classification of Impairment, Disability and Handicap，简称ICIDH）提出的，将残疾分为残损、残疾和残障三种：

1. 病损或残损（Impairment）

由于各种原因所致的人的生理、心理和解剖结构的部位受到了损害，包括智力病损、心理病损、语言病损、听力病损、视力病损、内脏病损及畸形等。这是残疾发生、发展过程中的第一步。它可以进一步发展为失能，也可以直接导致残障。它可以是永久的，也可以是暂时的。

2. 失能或残疾（Disability）

由于病损或某些疾病所造成的人体某些功能的降低以致影响到不能以正常的方式从事正常范围的个人日常生活活动，包括行为失能、语言失能、运动失能及各种活动失能。这是残疾发生、发展的第二步，它可以进一步发展为残障。但同样，如能得到积极的治疗与康复，这个阶段的残疾也具有双向性，既可进一步发展，也可康复。

3. 残障（Handicap）

由于病损或失能而导致个人参与正常社会生活活动的障碍，甚至影响社会功能的正常发挥，包括识别残障（无法辨别人、地、时）、躯体残障（无法活动不能自理）、运动残障、职业残障、社交活动残障、经济自给残障等等，是残疾发展的不良结局。此时社会、家庭和环境对残障的影响很大，良好的社会支持、系统合理的康复治疗将可以减轻残障的程度。

ICIDH这个定义对疾病的后果进行了描述和分类，并描述了一般残疾由残损到残疾，再到残障的发生、发展过程。在这个过程中，恰当的残疾预防与康复工作将可以促使残疾向好的方向转化，因此，它为残疾预防和康复提供了一个指导性框架。

（二）残疾概念的演变

随着卫生保健事业的发展和国际残疾人活动的开展，人们对残损以及由此而产生的社会生活的变化有了新的认识。随着人口的老龄化，卫生保健系统不断改善服务。卫生保健的重点从急性、传染性疾病转移到慢性非传染性疾病。医疗服务的重点从治疗转移到保健，并以提高处于疾病状态的人们的生活质量为目的。原有的有关残损、残疾与残障等模式不能满足卫生与康复事业发展的需要。

国外有学者把对“残疾”的认识过程分为三种模式，分别是医疗模式、个人模式和社会模式。

1. 医疗模式（medical model）

“医疗模式”这种观点仅将残疾视为疾病，认为只要通过医疗手段或辅助医疗器械，就可以解决病人的困难。在这种模式的指导下，实务工作者应对现代医疗科技的进展有基本认识，并在适当情况下协助病人获得合适的服务，包括转介病人前往相关的医疗机构，在他们有需要时帮助申请经济援助等。但是，单纯的医疗康复显然存在弊端。部分手术成功但不幸残疾的病人，因心理上不能适应残疾引起的限制，可能选择比较极端的方式来应对，比如自杀。因此，不能过分关注临床医疗而忽视康复过程中的其他需要。

2. 个人模式（individual model）

“个人模式”将残疾视为个人的不幸，认为应把康复的重点放在改善或恢复个人的状况上，关注因伤病引起的功能性限制和因伤残引起的心理效应。康复工作的重点就是致力于使个人适应残疾带来的影响，并从心理方面接受残疾的现实和限制。在这种模式指导下，社会工作者的角色就是从旁协助，让伤病者渡过难关，接纳自己残缺不全的现实和重新适应环境。个人模式的缺陷在于：第一，它使个人处于被动的地位，把个体对残疾的反应必然化和固定化，忽视了具体的环境因素，倘若社会的文化和价值观念接纳残疾并提供充分的保障，个体对残疾的反应便会缓和许多；第二，医疗和心理辅导在康复过程中固然很重要，但是毕竟凭此二者是难以完全解决问题的。

3. 社会模式（social model）

“社会模式”将残疾视为“社会问题”，而非个人问题，它将残疾问题的焦点由临床诊治或个人调适，转移到客观的物质环境和社会环境。在这种模式的指导下，康复工作的重点在于改善残疾人的周围环境，而实务工作者的任务除了要帮助残疾人恢复功能外，还要致力于消除限制残疾人的外在环境和社会因素，协助残疾人获得与其他公民平等的权利和发展机会，以达到自强和自主的境界。

上述三种模式分别代表了三种从低到高、水平不同的认识，这认知过程本质上就是对“残疾”概念不断深入的过程。通过简单梳理得出表1-1：

表1-1　残疾概念的演变

概念界定	构成要素	认识模型	认知水平	处理手法
残损	机能损伤	医疗模式	疾病/创伤	药物、手术等
残疾	生理功能障碍	个人模式	个人不幸	康复护理、辅助器材
残障	社会功能障碍	社会模式	社会问题	心理辅导、社会康复

（三）残疾的分类

残疾的分类是一个动态的过程，不同时期对残疾人分类标准不同。随着经济、社会及科学文化的发展变化，无论是世界卫生组织还是我国，都对残疾的分类做出了新的调整。

1. 世界卫生组织的分类

2001年5月22日第54届世界卫生大会正式通过了《国际功能，残疾和健康分类》（International Classification of Functioning ,Disability and Health, ICF），从功能残疾和健康的角度，评估身体结构、身体功能、活动与参与、环境因素以及个人因素五项。ICF目前已经成为描述功能、残疾和健康状况的国际通用标准。

2. 我国对于残疾的分类

1987年我国残疾人抽样调查，制定了《中国残疾人分类标准》：该标准将残疾人分为视力残疾、听力语言残疾、肢体残疾、智力残疾和精神残疾五大类。

2006年我国进行了第二次全国残疾人抽样调查并重新制定了残疾的分类标准；2008年，我国重新修订了《中华人民共和国残疾人保障法》，规定：“残疾人包括视力残疾、听力残疾、言语残疾、肢体残疾、智力残疾、精神残疾、多重残疾和其他残疾人。”根据《中华人民共和国残疾人保障法》相关规定，在第二次全国残疾人抽样调查的基础上，经过大量调查研究和各方面专家的悉心论证，制定了《残疾人残疾分类和分级》国家标准，并于2011年5月1日起实施。这是残疾人领域关于残疾种类和等级划分的首个国家标准，规定了残疾人残疾分类和分级的术语及定义、残疾分类和分级及代码等，适用于残疾人有关的信息、统计、管理，以及对残疾人的服务、保障等方面。《残疾人残疾分类和分级》国家标准的残疾分类原则是[①]：

（1）视力残疾：各种原因导致双眼视力低下并且不能矫正或双眼视野缩小，以致影响其日常生活和社会参与。视力残疾包括盲及低视力。

（2）听力残疾：各种原因导致双耳不同程度的永久性听力障碍，听不到或听不清周围环境声及言语声，以致影响其日常生活和社会参与。

（3）言语残疾：各种原因导致的不同程度的言语障碍，经治疗一年以上不愈或病程超过两年，而不能或难以进行正常的言语交流活动，以致影响其日常生活和社会参与（3岁以下不定残），包括失语、运动性构音障碍、器质性构音障碍、发声障碍、儿童言语发育迟滞、听力障碍所致的言语障碍、口吃等。

（4）肢体残疾：人体运动系统的结构、功能损伤造成的四肢残缺或四肢、躯干麻痹（瘫痪）、畸形等导致人体运动功能不同程度丧失，以及活动受限或参与的局限。肢体残疾主要包括：a.上肢或下肢因伤、病或发育异常所致的缺失、畸形或功能障碍；b.脊柱因伤、病或发育异常所致的畸形或功能障碍；c.中枢、周围神经因伤、病或发育异常造成躯干或四肢的功能障碍。

（5）智力残疾：智力显著低于一般人水平，并伴有适应行为的障碍。此类残疾是由于神经系统结构、功能障碍，使个体活动和参与受到限制，需要环境提供全面、广泛、有限和间歇的支持。智力残疾包括在智力发育期间（18岁之前），由于各种有害因素导致的精神发育不全或智力迟滞；或者智力发育成熟以后，由于各种有害因素导致智力损害或智力明显衰退。

（6）精神残疾：各类精神障碍持续一年以上未痊愈，由于存在认知、情感和行为障碍，以致影响其日常生活和社会参与。

（7）多重残疾：同时存在视力残疾、听力残疾、言语残疾、肢体残

① 江苏省残疾人事业发展研究会，南京大学残疾人事业发展研究中心．中国特色残疾人事业概论 [M]. 北京：华夏出版社，2017 : 9.

疾、智力残疾、精神残疾中的两种或两种以上残疾。

二、残疾人与残疾人事业

（一）残疾人的概念

1982年，《关于残疾人的世界行动纲领》指出，“残疾人是指由于存在身心方面的障碍，丧失了正常参与生活的某方面能力”。

1991年5月15日起施行的《中华人民共和国残疾人保障法》关于残疾人的定义是指在心理、生理、人体结构上，某种组织、功能丧失或者不正常，全部或者部分丧失以正常方式从事某种活动能力的人。

2008年4月24日，第十一届全国人民代表大会常务委员会第二次会议修订的《中华人民共和国残疾人保障法》（以下简称《残疾人保障法》）继续使用对残疾人的这一定义，并从法律的高度明确了残疾人与其他公民平等的地位和权利：“残疾人在政治、经济、文化、社会和家庭生活等方面享有同其他公民平等的权利。残疾人的公民权利和人格尊严受法律保护。禁止基于残疾的歧视。禁止侮辱、侵害残疾人。禁止通过大众传播媒介或者其他方式贬低损害残疾人人格。”根据《残疾人保障法》关于残疾人的定义，残疾人具有医学和社会学的双重属性。从医学属性来看，残疾人是指“在心理、生理、人体结构上，某种组织、功能丧失或者不正常”的人，由此从医学的角度区分了残疾人与健全人的差异；从社会属性来看，残疾人是指“全部或者部分丧失以正常方式从事某种活动能力的人”。残疾人概念也经历了称呼的演变（如表1-2所示）。

表1-2　人们对“残障”称呼的演变

“残废”	歧视+消极	抛弃的时代——无助
“残疾”	弱化歧视+留有余地	怜悯的时代——施舍
“残障”	残损在个体+障碍在环境	养护的时代——福利
“障碍”	近乎中性+积极环境	教育的时代——能力
“限制”	中性平常+支持环境	权力的时代——支持

（二）我国残疾人的构成

根据国家统计局2006年12月《第二次全国残疾人抽样调查主要数据公报》，我国残疾人占全国总人口的比例为6.34%，总数约为8300万。根据残疾的分类标准，各类残疾人的人数及各占残疾人总人数的比重，如表1–3所示。

表1–3 我国残疾人的类型及构成

残疾类型	人数／万	比重／%
视力残疾	1233	14.86
听力残疾	2004	24.16
言语残疾	127	1.53
肢体残疾	2412	29.07
智力残疾	554	6.68
精神残疾	614	7.40
多重残疾	1352	16.30
合计	8296	100.00

（三）残疾人事业发展

1. 残疾人事业的重要性

残疾人事业是崇高的事业，发展残疾人事业是政府和全社会义不容辞的责任；要发扬人道主义精神，发展残疾人的事业，实现“平等·参与·共享”[①]。残疾人问题关系到人权保障主义、生产力解放和社会和谐，是一个不容忽视、必须解决好的重要社会问题。发展残疾人事业须发扬人道主义精神，大力发展人道主义是残疾人事业的旗帜，对残疾人给予帮助，是人道主义的具体体现；残疾人事业是体现人文关怀、促进社会文明进步的崇高事业，是政府和全社会义不容辞的责任。要通过发展残疾人事业，使残疾人的权利得到更好的实现，保障残疾人平等的地位和均等的机会，充分参与社会生活和社会发展，共享社会物质文化成果，概括地说就是实现“平等·参与·共享”。

① 全国残疾人康复工作办公室，中国残疾人康复协会．残疾人康复咨询教材［M］．北京：华夏出版社，2008：7–9.

残疾人问题从来就不是孤立存在的，它总是与一定的经济条件和社会发展水平密切相关。解决残疾人问题的根本途径是解放和发展生产力，推进社会的文明进步。经济越发展，社会越进步，越要求发展残疾人事业。残疾人事业的发展也必须融于经济社会的发展之中，并与其相协调。在现阶段，发展残疾人事业要立于我国的基本国情，与经济社会的发展相适应，既缩小差距又不超越现实；既要立足当前，讲求实效，优先解决残疾人迫切需要而又可能满足的基本需求，又要着眼长远，打好基础，建立残疾人事业持续、健康、稳定发展的长效机制，既要发挥政府主导作用，动员社会力量广泛参与，又要激励残疾人的参与意识和自强精神，充分发挥残疾人在残疾人事业发展中的作用。

2. 十八大后残疾人事业取得的成绩

（1）残疾人扶贫

2016年中国残联、国务院扶贫办等26个部门和单位共同制定的《贫困残疾人脱贫攻坚行动计划（2016—2020年）》提出“到2020年，稳定实现贫困残疾人及其家庭不愁吃、不愁穿，义务教育、基本医疗、住房安全有保障，基本康复服务、家庭无障碍改造覆盖面有效扩大。确保现行标准下建档立卡贫困残疾人如期实现脱贫”①。2016年和2017年，各省、市、自治区制定了地方贫困残疾人脱贫攻坚行动计划。

借助就业扶持、产业扶贫、健康扶贫、照料护理等扶贫项目，残疾人精准扶贫工作效果进一步提升。从扶持效果来看，党的十八大以来累计实际脱贫残疾人数539.2万人，返贫人数逐年减少，累计培训残疾人数377.1万人，年度培训投入经费都在2亿元以上。从扶贫资金与残疾人扶贫贷款来看，2013—2016年，省级财政投入扶贫资金累计12.1亿元，社会募集扶贫资金累计0.76亿元，扶贫贷款实际落实累计33.7亿，项目贷款扶持贫困残疾人数累计7.1万人。从社会帮扶与残疾人扶贫基地建设来看，结对帮扶受益残疾人数年均在40万左右，2017年残疾人扶贫基地近6700个，2013—2017年共安置60余万残疾人就业增收。从危房改造情况看，2013—2017年累计投入资金44.9亿元，累计完成44.5万户贫困残疾人危房改造，2013—2016年累

① 武胜男. 十八大以来残疾人累计脱贫 539.2 万人 [N]. 公益时报，2019-1-29.

计有44.2万贫困残疾人受益。

（2）残疾人康复

根据《2020年中国残疾人事业发展统计公报》数据，有1077.7万名残疾儿童及持证残疾人得到基本康复服务。全年共为242.6万残疾人提供各类辅助器具适配服务。全国共有残疾人康复机构10440个，其中残联系统康复机构2550个。康复机构在岗人员达29.5万人，其中，管理人员3.1万人，业务人员21.3万人，其他人员5.1万人。

（3）残疾人就业

自2007年我国《残疾人就业条例》颁布以来，我国残疾人就业状况得到了极大改善，残疾人就业空间不断扩大，比例逐渐提升，收入明显改善，政府和社会对残疾人就业的理念和态度不断优化。自2016年起，《中国残疾人事业发展统计公报》开始发布持证残疾人就业相关数据，这是残疾人就业统计的一个重要改变。以持证残疾人为统计对象的就业数据更加真实、可靠并可追踪和进行综合分析。

就业总量方面，2020年全国持证残疾人就业人数为861.7万人，较2019年减少36.5万人，同比减少0.76%。2020年中国城镇就业人数为13.2万人，较2019年增加了1万人；农村新增就业人数为24.9万人，较2019年减少了2万人。中国农村新增就业人数占中国城乡持证残疾人新增就业总人数的65.35%，占比较大。城镇新增就业人数占总数的34.65%，占比较小。

就业形势方面，2020年中国城乡持证残疾人按比例就业人数为78.4人，较2019年增加33.5万人。集中就业人数为27.8万人，较2019年减少1.3万人，个体就业人数63.4万人，较2019年减少0.8万人，公益性岗位就业14.7万人，与2019年持平。灵活就业人数为238.8万人，较2019年增加了10.6万人，从事农业种植人数424.3万人，较2019年减少5.8人。

（4）残疾人文化生活

中国残联、各省区市残联相继依托残疾人健身周、全国特奥日、全国助残日 、国际残疾人日等残疾人节日和时间节点，在社区、特教学校、机构大力组织和开展诸如残疾人轮椅大步走、肢残人轮椅马拉松健身赛、轮椅广播健身操比赛、残疾人冰雪体验、康复体育进家庭等形式多样、内容丰富、便捷、适宜的残疾人群众性体育健身活动，从而提高残疾人的身体素质和健康水平。通过竞赛、展示等活动加大残疾人参与力度，扩大残疾人群众性体育覆盖面和参与率，促进残疾人群众体育工作走向制度化和常态化发展。依照不同类别残疾人健身需求，推广轮椅广播操、轮椅柔力球、轮椅太极拳、轮椅哑铃操等适合残疾人身心特点的体育健身项目。通过“家庭关爱计划”加大体育扶贫力度，将康复健身体育器材、指导方法和服务送进重度且不易出户的残疾人家庭。2015年成功申办冬奥会和冬残奥会后，中国残联积极落实《冬季残奥项目振兴计划》，先后成功举办全国残疾人高山滑雪、单板滑雪、残奥冰球和残疾人冰壶锦标赛，实现中国冬季残奥会项目全覆盖。

第二节　如何看待残疾人

※

随着政策重视与社会关注度的提高，残疾人群体走出家门融入社会已经成为大势所趋。全社会只有做到真正的尊重和接纳，才能让残疾人更好地融入。

一、残疾人观的演变

残疾人观是指人们对于残疾人和残疾观点的看法和基本观点，是一定历史时期内社会主流意识对残疾人的认识和态度。

（一）西方残疾人观的历史演变

西方社会对残疾人态度可以分为三个不同历史阶段：

第一阶段：将“残疾人”视为正常人的对立面。

在西方社会早期，残疾人被视为病态的、不能独立的、需要被“治疗”和救济的群体。本着人道考虑，社会通过医疗卫生服务、社会福利和慈善救济等项目帮助残疾人重建身体功能，改善他们的生活状况。残疾人的价值仍然是被忽视甚至是被否认的。

第二个阶段：将残疾人视为受社会功能障碍困扰的正常人。

随着社会进步，人们开始认识到残疾人的困难不仅是因为残疾本身造成的，和社会也有关系。这一阶段，残疾人被视为社会财富的创造者，社会致力于改变社会态度和消除环境障碍，促进残疾人参与和融入社会生活。

第三个阶段：将残疾人视同为健全人。

现代西方残疾人观认为，残疾人作为社会的一部分，与健全人一样应当享有与生俱来的基本人权。通过制定一些法律来保障残疾人的权益，促进全人类的机会均等，能让残疾人像其他社会成员一样决定自己的生活。

（二）我国残疾人观的历史演变

在中国长期的封建社会和半殖民地半封建社会里，生产力低下，体力劳动者构成生产力的主体。体壮者被推崇，体弱者被鄙视，迷信思想甚至将残疾看成是“天意”，是不祥的象征，是前世作孽的因果报应。残疾人往往被视为“废人”，是家庭和社会的累赘。广大残疾人备受歧视和压迫，过着低人一等的生活。尽管历代曾有过某些救助残疾人的善举，但杯水车薪，并非社会主流，许多残疾人流离失所。新中国建立后，残疾人在政治上获得了解放，公民权利和人格尊严开始得到承认和尊重，残疾人事业起步并得到一定的发展。但由于社会历史条件的局限，在二十世纪五六十年代，残疾人主要被视为同情照顾和扶助救济的对象，平等参与社会的问题尚未得到应有的重视。改革开放以来，中国社会发生了深刻变革，人道主义思想在实践中被重新认识，人们对于残疾人的观念发生了深刻变化，以“平等、参与、共享”为核心内容的现代文明社会的残疾人观逐步形成。

二、新残疾人观

（一）平等观

人本理论是以人为出发点和中心点的一种哲学理论，颂扬人的价值、尊严和力量，强调人的地位和作用。人本理论作为一种哲学思潮，有其深厚的理论渊源。中国有着悠久的历史，形成了丰富的人本哲学思想。从《尚书·泰誓》篇的“惟人，万物之灵”起，到管仲“霸王之所以始也，以人为本”（《管子·霸言》）；从儒家的“仁、德”思想、墨家的“兼爱”思想，到现代以人为本的科学发展观等，都是以人为本的具体体现。

每个人都是社会中的一员，都具有不容忽视的价值，值得人们尊重。首先，应平等地对待残疾人。要明白残疾人也是人，不过是不同于大多数人的人。人本理论是以人为出发点和中心点的一种哲学理论，颂扬人的价值、尊严和力量，强调人的地位和作用。其次，以人为本，就是说把人作为根本，把人当作是目的而非手段。就残疾人而言，就是在以人为本思想的指导下，强调把残疾人的全面健康发展作为康复训练的出发点，以帮助残疾人实现平等参与社会、融入社会的目标。另外，以人为本的理念让人们明白残疾人和健全人一样，也享有与生俱来的生命和生存的权利、受教育权、康复权、劳动权和依法获得报酬的权利、爱与被爱的权利等。同时，他们也要尽自己应尽的义务。残疾人可以通过社会的各种补偿条件，通过适合自己的方式来获取信息，认识世界，掌握知识和技能。

（二）存在观

在人类社会的发展中，由于遗传疾病、自然灾害、事故战争和环境污染等自然和社会的原因，残疾的发生是不可避免的。在人类历史的各个阶段，在每个国家的各个阶层，都有残疾人存在。残疾人同其他社会成员一样，是人类的组成部分。虽然有某种缺陷但绝不是异类、另类，而是人的多样性和差异性的一种表现。在残疾人和健全人之间并没有截然分明、不可逾越的界限，健全人可能因某种原因致残，残疾人也可能通过康复脱残[①]。另外，残疾的标准是相对的，而不是绝对的，由于各国国情不同，经济、社会的发展水平存在差异，残疾的标准也就有所不同，在一国较为宽泛的残疾标准下的一些轻度残疾人或者某些类别的残疾人，在另一国比较严格的残疾标准下就不会被视为残疾人。随着人类文明的演进特别是现代科学技术的发展，人们越来越多地认识到残疾发生的原因和规律，从而采取有效的预防措施，在一定程度和一定范围预防残疾的发生，控制残疾的发展，使人类自身不断完善，人类社会得到进步。交通事故造成的残疾，促进了交通法规的完善；工伤造成的残疾，推动了劳动安全法规的制定；脊髓灰质炎造成的残疾，促使人们研制出预防这种疾病的糖丸；出生缺陷

① 全国残疾人康复工作办公室，中国残疾人康复协会 . 残疾人康复咨询教材 [M]. 北京：华夏出版社，2008（6）：7-9.

的发生，促使人们重视优生优育。社会的这种进步，是以广大残疾人承担了残疾所造成的痛苦和后果为前提的，所以说，残疾人的残疾客观上成为人类发展和社会进步所付出的一种代价。

（三）权利观

残疾人是社会弱势群体，尊重他们的公民权利和人格尊严是社会文明进步的体现。我国的社会主义制度为包括残疾人在内的广大人民群众权利的实现提供了根本保障。依照宪法，我国残疾人享有与其他公民平等的权利。《残疾人保障法》又对残疾人权利做出了进步的规定，其基本精神之一就是残疾人在政治、经济、文化、社会和家庭生活等方面，享有同其他公民平等的权利。任何对残疾人的偏见和歧视，任何损害残疾人的权利和尊严的行为，都是违背法律规定和现代文明理念的。一切国家机关、社会团体、企业事业单位以及公民个人在运用法律和进行活动时，必须尊重和保护残疾人的公民权利和人格尊严，禁止任何歧视、侮辱和侵害残疾人的行为，特别是要禁止基于残疾的原因，对残疾人进行排斥、限制和区别对待，从而损害其合法权益。在社会生活中，残疾人的平等权利常常表现为要求机会均等，即在各个方面能够同健全人一样，享有同等的参与社会事务和利用社会资源的机会。

（四）价值观

看待残疾人，应该着重看他们所具备的能力，而不是他们的残疾。判断残疾人的能力，应该着眼于他们能干什么，而不是不能干什么，这是认识残疾人能力所应有的态度。虽然残疾使残疾人某些方面的功能受到损害和限制，但是通过发挥其他器官的作用，刺激并调动人体自身的代偿功能，扬长避短，可以使被损害和限制的能力得到最大程度的弥补，参与社会事务，创造财富，达到与健全人同等的程度和水平。事实证明，残疾人身上蕴含着丰富的潜能，同样具有生活能力、劳动能力、接受教育能力、参与能力和创造能力，有些人甚至在某些方面显示出超乎常人的能力。只要对他们施以适合其特性的教育，为其劳动就业创造条件，他们就可以同健全人同样施展才能，创造社会财富，参与社会发展和推动社会进步，最终的受益者不仅是他们自己而且包括其他社会成员。残疾人中的佼佼者，还对人类文明的发展做出了特别杰出的贡献。孙膑两腿致残写出了《孙膑兵法》；贝多芬双耳失聪，创作了著名的《第九交响曲》；海伦·凯勒既看不见又听不到，只能靠触觉与外界交流，却写出了一部部感人至深的作品；富兰克林·罗斯福坐着轮椅入驻白宫，领导美国人民克服经济危机，进行伟大的反法西斯战争。这样的事例不胜枚举。

第三节　无障碍环境是保证

※

无障碍环境，是残疾人走出家门、参与社会生活的基本条件，也是方便老年人、妇女儿童和其他社会人员生活的重要措施。同时它也直接影响着我国的城市与国际形象。加强无障碍环境建设是物质文明和精神文明的集中体现，是社会进步的重要标志。对提高人的素质、培养全民公共道德意识、推动精神文明建设等都具有重要的社会意义。

一、对无障碍环境的理解

（一）无障碍环境定义

什么是障碍？1982年12月3日联合国大会决议通过的《关于残疾人的世界行动纲领》指出，障碍是指一个人由于缺陷或残疾，而处于某种不利地位，以至限制或阻碍该人发挥其年龄、性别、社会与文化等因素应能发挥的正常作用。残疾人的障碍大体可以分为两大类：一类是残疾人自身的使用障碍，包括心理障碍与生理功能的缺失等；另一类为环境障碍，主要包括设施障碍、人为障碍等。

无障碍环境即改善残疾人身体机能的局限，以及给予足够的外在环境支持，包括物理环境、社会环境、人际环境等形成的无障碍环境①。

（二）无障碍环境的内涵

无障碍是一个内涵丰富的词语，需要从人所处的环境来分析和理解。人都处在一个物质文化、制度文化、观念文化相互交织、相互影响的环境之中。无障碍环境分为有形的无障碍环境（物理环境等）以及无形的无障碍环境（社会环境、人际环境等）。有形的无障碍环境包括障碍设施（无障碍通道、电（楼）梯、平台、房间、洗手间、席位、盲文标识和音响提示）和通信、信息交流等其他相关生活的设施。无形的无障碍环境即由于社会建构残障，包括歧视、污点化过程、社会排斥、环境障碍、社会政策、资本主义生产模式、文化及价值观、专业化过程、康复服务模式及方法等一系列导致残疾人残障的原因构成的环境②。

二、无障碍环境发展历史

国际上无障碍环境的发展是在建立无障碍环境法制、法规的基础上建设起来的。法制法规的建立可以追溯到20世纪30年代初，当时瑞典丹麦已建有专供残疾人使用的设施。联合国成立后曾先后发布《残疾人权利宣言》《关于残疾人的世界行动纲领》等国际文件强调了各国政府应采取措施建设无障碍环境，确保残疾人能够平等参与社会生活③。1959年，欧洲各国召开了关于消除建筑上障碍物的欧洲会议，并通过了《考虑残疾人方便使用的公共建筑设计及建设》的决议，“无障碍环境”的概念开始形成。同时，瑞典也颁布了《为残疾人的住宅建设规定》；1961年，美国制定了世界上第一个《无障碍环境标准》，联合国于1963年的年会上提倡“正常化”的理念，“无障碍环境”的思想开始形成④。1983—1992年为“联合国残疾人十年”，并一致通过了《关于残疾人的世界行动纲领》，要求联合

① 江苏省残疾人事业发展研究会，南京大学残疾人事业发展研究中心．中国特色残疾人事业概论 [M]. 北京：华夏出版社，2017：322-324.

② 陈惠英，李楚翘，杨晶．康复辅导工作 [M]. 北京：商务印书馆，2011：132.

③ 刘虹．关爱弱势人群构筑无障碍城市 [J]. 北京规划建设，2001（2）：23-25.

④ 邹南昌．城市无障碍设施的建设与管理 [J]. 城市道桥与防洪，2003（4）：78-79.

国各会员国制定具体政策以实现残疾人享有“参加和平等”的目标①。2008年5月3日，正式生效的联合国《残疾人权利公约》第九条规定，为了使残疾人能够独立生活和充分参与生活的各个方面，缔约国应当采取适当措施，确保残疾人在与其他人平等的基础上，无障碍环境地进出物质环境，使用交通工具，利用信息和通信，包括信息和通信技术和系统，以及享用在城市和农村地区向公众开放或提供的其他设施和服务。

我国的无障碍环境建设起步较晚，关于无障碍环境建设是从无障碍环境设计规范的提出与制定开始的。1984年3月，中国残疾人福利基金会成立，着手改善残疾人“平等、参与”的社会环境工作。在1985年由北京率先开始研究无障碍环境技术，在北京召开了残疾人与社会环境研讨会，发出“为残疾人创造便利的生活环境”的倡议。1990年国家颁布的《中华人民共和国残疾人保障法》第七章第四十六条指出“国家和社会逐步实行方便残疾人的城市道路和建筑物设计规范，并规定国家和社会逐步实行设计规范，采取无障碍环境措施”。这是我国第一部涉及无障碍环境建设的法律②。2008年新修订的《中华人民共和国残疾人保障法》将原法第七章中的“环境”修改为“无障碍环境”，并明确规定国家和社会应当采取措施，逐步完善无障碍环境，推进信息交流无障碍环境，为残疾人平等参与社会生活创造了基本条件。

三、无障碍环境的主要内容

无障碍环境指的是一个既可通行无阻而又易于接近的理想环境，包括物质环境无障碍、信息和交流的无障碍、无障碍意识环境。这三个方面相辅相成，缺一不可，直接决定着残疾人生存环境的优劣。

（一）物质环境无障碍

物质环境无障碍主要是要求：城市道路、公共建筑物和居住区的规划、设计、建设应方便残疾人通行和使用，如城市道路应满足坐轮椅者、拄拐杖者通行和方便视力残疾者通行，建筑物应考虑出入口、地面、电

① 刘静．浅谈国内外无障碍设计的发展 [J]. 安徽建筑，2002（5）: 26-27.

② 刘蕾．沈阳市城市残疾人无障碍环境建设研究 [D]. 沈阳：东北大学，2011 : 13-14.

梯、扶手、厕所、房间、柜台等设置残疾人可使用的相应设施和方便残疾人通行等。公共建筑等建设工程中配套建设一套诸如盲道、轮椅坡道、扶手、音响提示的服务设施，主要包括：坡道、缘石坡道、盲道；无障碍垂直电梯、升降台等升降装置；警示信号、提示音响、指示装置；低位装置、专用停车位、专用观众席、安全扶手；无障碍厕所、厕位；无障碍标志；其他便于残疾人、老年人、儿童及其他行动不便者使用的设施。延续的扶手、过窄的轮椅通道、较陡的坡道、障碍设施的侵占和损坏等都会成为残疾人出行的环境障碍。

（二）信息和交流的无障碍

信息和交流的无障碍是指任何人（包括残疾人和健全人，年轻人和老年人）在任何情况下都能平等地、方便地、无障碍地获取信息、利用信息，包括电子、信息技术无障碍和网络无障碍交流。残疾人由于感官感知障碍，不能方便地获取必要的信息，采用多种可替代的方式，可以满足有不同障碍的人群在获取和表达信息上的特殊需求。比如公共传媒应使听力、言语和视力残疾者能够无障碍地获得信息，进行交流，如影视作品、电视节目的字幕和解说，电视手语，盲人有声读物等。国际社会对信息交流无障碍建设高度关注，信息社会世界峰会（2003，日内瓦）呼吁各成员国在其国家信息化战略中要特别关注残疾人弱势群体，鼓励设计、生产和提供符合这些人需要的信息通信技术设备和服务，开发包括残疾人在内的所有信息技术，促进信息通信技术发展成果共享。

我国启动了信息无障碍标准制定工作。部分省市电视台开办手语新闻节目视作品增加字幕，推出了适合残疾人使用的信息产品和符合残疾人需要的业务服务，研发了盲文计算机系统、盲人读书机、触摸屏幕声控手机、残疾人用特殊软件等信息、通信技术和产品设备。工业和信息化部制定了《信息无障碍导则》《信息无障碍通信终端设备设计导则》《信息无障碍术语、图形符号、标识》《通信设备无障碍》《网站无障碍》等标准[①]。

① 许巧仙，谢净 . 残疾人专职委员培训教程 [M]. 南京：南京师范大学出版社，2014：278-279.

（三）无障碍意识环境

无障碍意识环境是指社会成员注重关注特殊人群，群众具有助残敬老意识，发挥社会主义人道精神。除了满足有形的残疾人无障碍环境设施提供的方便以外，还要改善残疾人在社会上遭受到的社会排斥等一系列的无形障碍。例如社会参与，残疾人因自身的缺陷无法像健全人一样参与到社会当中，残疾人会缺少社会参与的某些权利，限制残疾人的自身发展，尤其是在农村无障碍环境薄弱的地带。残疾人无法融入环境，无法获得所需资源，残疾人的社会地位较低下。改善意识环境，减少社会排斥，增加社会接纳，将有助于残疾人的真正无障碍融合。

四、我国推动无障碍设施建设的法规政策

享受无障碍设施和无障碍环境是残疾人的社会权利。1990年12月全国人大常委会颁布的《中华人民共和国残疾人保障法》规定："国家和社会逐步实行方便残疾人的城市道路和建筑物设计规范，采取无障碍物施。"国务院批准执行的中国残疾人事业的五年工作纲要、"八五""九五""十五"计划纲要，也都规定了建设无障碍设施的任务与措施。1998年4月，建设部印发《关于做好城市无障碍设施建设的通知》，主要内容是有关部门应加强城市道路、大型公共建筑、居住区等建设的无障碍规划、设计审核和批后管理、监督。1998年，建设部、民政部、中国残联联合印发《关于贯彻实施〈方便残疾人使用的城市道路和建筑物设计规范〉若干补充规定的通知》，主要内容是切实有效加强工程审批管理，严格把好工程验收关，在公共建筑和公共设施的入口、室内，新建、在建高层住宅，新建道路和立体交叉中的人行道，各道路路口、单位门口，人行天桥和人行地道，居住小区等均应进行有关无障碍设计。

2012年9月1日开始实施的国家标准《无障碍设计规范》（GB50763—2012），对城市道路、居住区、房屋建筑等范围的无障碍设计提出了明确的要求与标准，旨在方便残疾人出行等活动。具体包括：设有路缘石的人行道，在各种路口应设缘石坡道；城市中心区、政府机关地段、商业街及交通建筑等重点地段应设盲道，公交候车站地段应设提示盲道；城市中

心区、商业区、居住区及主要公共建筑设置的人行天桥和人行地道应设符合轮椅通行的轮椅坡道或电梯，坡道和台阶的两侧应设扶手，上口和下口及桥下防护区应设提示盲道；桥梁、隧道入口的人行道应设缘石坡道，桥梁、隧道的人行道应设盲道，立体交叉的人行道口应设缘石坡道，立体交叉的人行道应设盲道；公园、小游园及儿童活动场的通路应符合轮椅通行要求，其通路入口应设提示盲道；建筑入口、走道、平台、门、门厅、楼梯、电梯、公共厕所、浴室、电话、客房、住房等应依据建筑性能配有标识、盲道、轮椅席等相关无障碍设施，为残疾人是供方便。

关键术语提要

1.残疾人：心理、生理、人体结构上，某种组织、功能丧失或者不正常，全部或者部分丧失以正常方式从事某种活动能力的人。

2.无障碍环境：改善残疾人身体机能的局限，以及给予足够的外在环境支持，包括物理环境、社会环境、人际环境等形成的无障碍环境。

思考与讨论

1.我国目前将残疾人分为哪几类？

2.结合所学谈一谈你是如何看待残疾人的。

3.简述无障碍环境的内涵。

4.谈一谈无障碍环境的价值之所在。

第二章

助残志愿服务概况

扶残助残体现了中华民族助人为乐的传统美德，是社会主义精神文明建设的重要内容，健全人在帮助残疾人的过程中，可以使自己的人生价值得到升华。本章主要介绍助残志愿者的相关概念，助残志愿服务的作用、基本原则和内容，分析目前我国助残志愿服务开展的情况，最后整理助残志愿服务的保障措施。

第一节　助残志愿服务的相关概念

※

中华民族自古以来就有扶弱、济困、助残的传统美德。经济的繁荣和社会的进步，需要道德的发展和完善。帮助残疾人，是一种高尚的行为，是对道德的完善和升华，有利于实现人生价值，促进良好社会风尚的形成。

一、何谓助残志愿服务

（一）志愿服务的概念

2017年国务院公布的《志愿服务条例》中指出，志愿服务是指志愿者、志愿服务组织和其他组织自愿、无偿向社会或者他人提供的公益服务[①]。一般认为，所谓志愿服务是指任何人志愿贡献个人的时间及精力，在不索取物质报酬的情况下，为改善社会服务、促进社会进步、推动社会福利事业而提供的服务。根据联合国的定义，志愿服务有三个特点：不追求经济回报、服务出于个人自愿、造福于他人或社会。

从内容上，志愿服务包括四个类型：①互助或自助：人们为了共同的

① 北京志愿服务发展研究会 . 中国志愿服务大辞典 [M]. 北京：中国大百科全书出版社，2014：25-26.

利益或共同的生活环境而贡献他们的时间和精力来帮助他人和帮助自己。②慈善服务或为他人服务：人们自愿地付出时间和精力去帮助他人，并不期待他人回馈同样的好处或帮助。③参与：又称公民参与或公民行动，是公民参与社会公共事务治理的重要形式，指公民个人或集体为了确认和解决广泛关注的公益问题而自愿付出时间和精力。④倡导与运动：人们为了自己或他人的利益付出时间和精力在地区、国家或国际范围内开展游说、宣传和辩论活动，目的是推动政府修改、完善和实现有利于弱势群体和环境保护的立法和政策。

（二）助残志愿服务的概念

助残志愿服务是当代志愿服务的一个重要方面，是以残疾人为服务范围和对象的志愿服务。开展助残志愿服务，为残疾人提供经常的、切实有效的帮助，帮助残疾人解决实际困难和问题，平等参与社会生活，实现残疾人更有价值、更有尊严的生活。这既是人道主义的体现，也是社会主义精神文明建设的重要内容。

二、目前助残志愿服务开展情况

（一）助残服务开展现状

根据国家统计局在2007年至2009年对全国（不包含港澳台及部分边远地区）残疾人联合会数量及在籍助残志愿者人数的统计可以看出，我国乡、镇、街道残联在籍助残志愿者数由2007年的1390726人到2008年的1547686人再到2009年的1720174人，村、社区残疾人组织在籍助残志愿者人数由2007年的1574945人到2008年的1767258人再到2009年的1966027人，同比有显著增长，总人数也由2007年的2965671人增加到2009年的3686201人，同比增加约24.29%，其中乡、镇、街道残联在籍助残志愿者人数同比增加约23.68%，村、社区残疾人组织在籍助残志愿者人数同比增加约24.83%[①]。到2018年，全国各地志愿者团队及各类助残志愿者数量相比于2009年已有了明显的增加。

① 国家统计局 . 社会统计数据：组织建设情况（2009）[EB/OL]. (2012-09-05)[2021-08-20]. http://www.stats.gov.cn/ztjc/ztsj/hstjnj/sh2009/201209/t20120905_72980.html.

我国志愿服务在近些年呈现蓬勃发展的趋势，但其中也存在一些问题：

1. 志愿服务理念不够普及

公民志愿意识不是很积极，更多的志愿者是被动地参与，而非源于自身的志愿精神驱使，缺乏内在的动力，使得志愿服务难以长期开展。主要体现在有组织的参与多，社会自发参与的少；临时参与活动的多，固定、注册的志愿者不多。然而这种缺乏连贯性的志愿服务只能称作表面的志愿服务。由于缺乏长期、稳定的志愿服务，使得一些残疾人对志愿服务产生抵触情绪，这样会让刚刚起步的志愿服务体系陷入恶性循环。

2. 志愿者服务协调机制不完善

目前我国志愿服务队伍体系分割比较突出，共青团系统、民政系统、妇联等都有自己的志愿者队伍，各个高校也另辟江山成立了有特色的志愿者社团。百家争鸣繁华景象背后隐藏的是各个志愿服务组织之间缺乏有效的协调机制来整合，缺乏服务信息与资源共享的机制与平台。由于信息无法共享，导致需要志愿服务的残疾人士得不到帮助，而另一方面一些志愿者处于无处开展志愿服务的尴尬境地。

3. 志愿服务专业化进程有待提速

随着经济社会的发展，许多志愿服务活动需要专业服务技能。康复、教育、心理咨询等服务项目，迫切需要一大批专业化、技能型、高素质的志愿者，但是这种志愿者数量相对来说是不能满足需要的。另一方面，志愿服务缺乏规范的培训。志愿者不能光凭一腔热情就能给残疾人士带来身心上的帮助。例如很多大学生志愿者虽然报名参加了某项志愿服务，但他们真正去了现场后却不知道自己需要做什么。特别是残疾人士他们方方面面都有着特殊性，稍不注意便容易给他们带来不必要的伤害，无论是身体上的还是心灵上的都是我们不愿看到的。

4. 缺乏稳定的运行服务模式

我国的助残志愿者团队普遍存在人员流动大的问题，很多长期性的活动难以有效交接并保持运行，造成助残志愿服务工作的混乱、滞后；另外，由于人员流动，之前的经验没有办法很好地保留，使得新一批志愿者只能重新摸索工作模式，这极大地阻碍了志愿服务的开展。

5. 志愿服务资金保障有困难

志愿服务经费来源于政府拨款、社会捐赠或是自筹。政府拨款是一部分，自筹资金是没有太多保障的，社会捐赠是重要的资金来源，但因为一些政策影响了企业、个人向志愿组织捐款的积极性。

（二）助残服务开展模式

越来越多的社会爱心人士开始关注残疾人士的学习与生活，开始逐步地了解和理解他们，同时我国助残志愿者服务的质量和层次也从刚开始的送爱心、送温暖的单一形式走向对残疾人士身心健康于一体的多元化助残模式。我国助残志愿者主要开展活动的方式可以分成以下几种模式：

1. 传统陪伴式

我国大多数助残志愿者活动都是处于传统陪伴式阶段，即是以每周或每个月，在某一特定时期进行陪伴。我们可以看到当下大多数大学生所在的志愿者组织进行的就是传统陪伴式活动模式。通常可以看到一个青年志愿者协会与某一机构或某几个残疾人士以学期为单位，每周定期开展服务。这样的服务处于最基础阶段，也是最容易操作的模式。适合刚刚进入及无专业背景的人士进行开展。

2. 家庭、社区介入式

直接性的家庭、社区介入式是一种基于一定专业与主动性的助残模式，这种志愿模式需要志愿活动的组织者和实施者有一定的专业背景，能深入家庭或社区帮助残疾人士解决某一特定的问题。整个志愿活动开展呈现一定的针对性与专业性。但近些年来由于资金的限制，资源的配置不均匀等问题使得整个直接性的家庭、社区介入模式的助残志愿活动呈萎缩趋势。

3. 帮助残疾人创业式

当今中国提倡并鼓励青年人创业，同样对于残疾人士也是提供了一定的政策支持。帮助残疾人创业这一模式促进残疾人士融入主流社会，体现他们的自我价值。该模式包括了网络授课、线下培训等具体形式。但这种模式需要较高的专业能力和敏锐的市场观察力，大多数普通志愿者难以完成，所以这种模式的志愿活动仍处于一个探索期，有待发展。

4. 公共宣传模式

公共宣传模式是指志愿者不直接与残疾人士进行接触，通过参与一些宣传或是环境创设来给予残疾人士以帮助。较为典型的就是近年来全国很多地方都在开展的“自闭症画展”活动，有利于社会公众关注自闭症儿童；无障碍公共环境创设可以理解为社会对于残疾人士的最基本的硬件支持。这种模式形式是间接的，但影响是直接的。

（三）助残志愿服务项目介绍

北京发布助残志愿服务通用培训教材。2015年9月20日，北京发布了首部助残志愿服务通用培训教材《助残志愿服务手册》，这标志着北京市助残志愿服务进入制度化、专业化发展阶段。同时，500多名志愿者接受了助残志愿服务队助残知识与技能培训，这是自2008年北京残奥会以来最大规模的一次助残志愿服务集中培训。

重庆南岸区热线“96016”搭建志愿服务桥。重庆市南岸区积极探索扶残助残工作新模式、新载体，于2016年一季度着手搭建残疾人与志愿者联动呼叫服务平台，使用统一热线“96016”架起残疾人和本土志愿者之间的“连心桥”。这项工作也被纳入南岸区十大民生实事第八项内容。

珠海启动“水中善行　复健行动”专业志愿服务项目。为了更好地帮助残疾人，珠海市红十字会与当地游泳馆建立了志愿服务基地，并开展以“水中善行　复健行动”为主题的残疾人水上康复训练活动。该项目的游泳教练都是珠海市红十字专业应急救援大队水上救生中队的队员们，队员为残疾孩子提供二对一水上康复训练，让孩子能够掌握一定的游泳技能。

案例分析

南京特殊教育学院“暖阳公益”团队

近些年来，高校成为志愿服务的主力军，各高校的志愿服务团队和项目如雨后春笋般地涌出。以南京特殊教育学院的“暖阳公益”团队为例，介绍高校志愿服务团队的特色和开展模式。

暖阳公益全称暖阳融合教育公益发展中心，2012年正式成立。该组织是由南京特殊教育师范学院的大学生自发组织的致力于推广融合教育的公益团队。暖阳公益致力于特殊教育知识与融合教育理念的推广。主要面向特殊教育发展较缓慢的欠发达地区，开展融合教育推广活动，传播特教知识和平等科学的残健融合理念，为当地特殊儿童争取更好地受教育机会。团队成员有着丰富的助残志愿服务经验，成员百分之八十都是特殊教育出身，具有相当的专业性和不可替代性。而执行团队设有项目中心、课程研究中心、志愿者中心、品牌推广中心与综合管理中心（下设财务部、人事部），共同完成中心的各项工作。

通过项目经验，探索新兴助残体系构建，暖阳公益打破了传统助残项目的服务理念，开辟了大学生助残的新模式，通过专业知识与行业素养，以一个“助残服务转型者”进行角色定位，力推由传统型助残项目向专业性助残项目的发展。打造周期完整、执行科学、内容标准、可复制推广的新兴助残项目模式。暖阳公益始终认为，公益不是埋头闷干，适度的宣传，让一个人做影响一群人做；把对一个特殊人士服务变为让更多人接受正确的残疾人观，让这种平等对待的态度成为我们的下意识，给特殊人群一个真正融入社会的可能性。因此暖阳公益一直非常注重宣传，暖阳公益团队将宣传分为线上、线下两部分。线上，利用自有视频制作团队，拍摄制作独立宣传片、纪录片及公益广告，并在网络媒体上线推广。同时，借助公众微信、微博，及时更新暖阳公益动态，传播融合教育思想和公益理念，维护关注人群；线下，暖阳公益制作了相应的宣传单页、图册及周边产品，不定期举办宣讲会、图片展和义卖等活动，展示融合教育项目。

参与暖阳宣讲会、体验日、夏令营等融合教育系列活动的普小学生1200余人次，特殊儿童140余人次，小学教师50余人，参与暖阳公益调研与宣讲的普通居民达到400余人次，当地特殊儿童入户支持38次，项目连续6年在我国西部经济欠发达地区的10所学校开展了20次融合教育乡村夏令营，项目筹集资金34万余元，为千余名乡村儿童提供了服务，进行残疾儿童入户支持38次，服务时长达7240小时。

暖阳公益曾获“创青春”江苏省大学生公益创业大赛铜奖、“助梦青春·益起来”江苏省青少年公益项目创投大赛一等奖和金牌组织奖、2014年江苏省优秀志愿服务项目、2012—2017年蝉联6届江苏省大中专学生志愿者暑期文化科学卫生“三下乡”社会实践活动优秀团队、2017年荣获全国青年志愿服务示范项目创建提名、2018年荣获全国青年志愿服务优秀项目库第一批入库项目等荣誉。

第二节　助残志愿服务的价值

※

扶残助残体现了中华民族助人为乐的传统美德，是社会主义精神文明建设的重要内容，应在全社会大力倡导，志愿者在帮助残疾人的过程中，可以使自己的人生价值得到升华。

一、弘扬传统美德的一种体现

《周礼》中有“慈幼养老、赈穷、恤贫、宽疾、安富”的思想。孔子提出“大同”思想，主张“使老有所终，壮有所用，幼有所长，鳏寡孤独废疾者皆有所养”。孟子提出“仁爱”，墨子提出“兼爱”。这些思想对后世产生了积极影响，传承至今。到了当代，扶残助残的传统美德作为宝贵的精神财富被赋予了新的意义，注入新的内涵，在社会主义精神文明建设中得到提倡和发扬，成为现代人高尚的道德情操和现代文明社会残疾人观的重要思想内容。在中华民族大家庭里，大家应该互相帮助共同促进、共同发展。对于残疾人这个群体，无论是心理上还是生理上都比较脆弱，特别需要社会给予必要的支持和关爱。助残志愿提供专业的、无偿的服务，满足残疾人群以及其家庭的需要，帮助他们更好地参与社会生活的方方面面，这正是我们中华民族传统美德的具体再现。

二、有助于增强残疾人归属感

残疾人的诸多社会需求与社会其他群体是一样的。马斯洛的需要层次理论是对所有人类社会中的个体需要的普遍性客观概括，残疾人也不例外。生存需要、安全需要、归属和爱的需要、尊重的需要等都是个人生活所必需的。但是残疾人在心理和生理上的障碍，丧失了同健全人一样生活、工作、学习的条件。社会环境中的种种障碍，导致他们与外界接触的机会比较少。长此以往，残疾人群体就会变为一个边缘化的群体，对社会事务陌生，对自己缺乏信心，对未来没有希望，这些焦虑、不满的情绪会给他们自身发展带来很多不利的因素。助残志愿者提供的服务，帮助残疾人群体走向社会，有效地帮助残疾人扩大社交圈子，提供机会让他们参与社会团体、社区活动等，增强残疾人对自己和社会的信心。通过宣传等方式改善社会环境，消除对残疾人的歧视和偏见，让社会给予残疾人更多的理解和帮助。同时，残疾人常常低估自己的潜能和创造性，志愿者以真诚的关怀和鼓励，让残疾人看到自己的优势，帮助他们减轻自卑感和疏远感，从而使其建立自尊心和自信心，增强归属感，进而提高整个社会的向心力和凝聚力。

三、有助于传递爱心、传播文明

北京大学教授丁元竹将志愿者定义为不以任何物质报酬的情况下，自愿将自己的时间、精力等奉献于社会，促进社会发展的人①。志愿者具有志愿性、无偿型、公益性和组织型四大特征②。志愿者们无偿的为残疾人提供帮助，为他们解忧排难，当把这些积极的能量带给残疾人的同时，也传递了爱心，传播了文明。爱心和文明从一个人传到另一个人，最终会汇聚成一股强大的社会暖流。爱心助残活动可以加强人与人之间的交往与关怀，减低彼此间的疏远感，促进社会和谐。爱因无私而珍贵，爱因传播而永恒。爱心的奉献不是施舍但却超越了恩赐。爱是一个圆圈，从我到你，从

---

① 丁元竹. 中国志愿服务研究 [M]. 北京：北京大学出版社，2007：34.

② 雷娟. 志愿者立法障碍探析 [J]. 价值工程，2013（3）：327-329.

你到他，你我他心连心，手牵手，让爱进行着无限地循环。

四、丰富助残志愿者的生活体验

社会的进步需要全社会的共同参与和努力。残疾人属于社会弱势群体，需要全社会的关心、关爱与帮助。在这个世界上，每个人都扮演着不同的角色，承担着相应的责任。社会要和谐有序的发展，每个人就必须扮演好自己的角色，完成自己的使命，承担起自己应负的责任。志愿者通过参与志愿工作，有机会为社会出力，尽一份公民责任和义务，可以深切认识到社会主义核心价值观中“爱国、敬业、诚信、友善”是每一个公民应具备的素质。通过爱心助残志愿者活动，可以培养自我牺牲的品格和高度的社会责任感。志愿者利用业余时间，参与一些有意义的活动，既可以扩大自己的生活圈子，更可以亲身体验社会的人和事，丰富自己的人生体验，从活动中学会关爱他人，快乐自己。志愿者在付出的过程中，收获的是奉献的乐趣和被社会认可的喜悦，得到的是无限的快乐和感动。在助残志愿者队伍中还有残疾志愿者，他们更加了解残疾人的生存状况，更有可能为残疾人提供切实的帮助。一些残疾志愿者乐观、豁达的生活态度也会深深感染被帮扶的残疾人。健全人与残疾人共同参与助残志愿活动，是一个残健融合、相互帮助、共同进步的过程。

第三节　助残志愿服务的基本原则和形式

※

助残志愿服务是以残疾人为对象的志愿者服务，它不仅要帮助残疾人参与各类社会活动，还要帮助他们解决个人、家庭和群体的问题。为了更好地服务于残疾人，助残志愿服务实践工作中需要遵循基本原则，以相应的形式开展。

一、助残志愿服务的基本原则

（一）公益性原则

对于任何一个志愿服务项目或是活动，我们首先应该遵循的就是公益性原则。所谓公益性即公共利益，并不是为了某些个人和团体谋取利益的活动。参加志愿服务前必须明白什么是志愿服务，志愿服务是一种无偿性的劳动，以自愿为准则奉献自己的时间、精力和能力，不求任何回报。正是因为公益性的原则，其无偿性也是相伴全部过程。从活动的产生到执行，每一个参与者都是本着奉献的精神去尽自己的努力帮助别人，而非去为自己谋取私利。助残志愿活动作为志愿活动的一个重要组成部分，自然也不可缺少最基本的公益性原则和无偿性原则，这是任何志愿服务的基础性原则，也可以说是志愿服务的底线，失去这条底线，志愿服务将变得毫无意义可言。

（二）科学性原则

做好助残志愿服务的第一要素就是要坚持科学性原则。残疾人士自身的特殊性决定了助残志愿服务每个环节都要做到科学性和专业性。志愿者要掌握科学的方法才能为残疾人士提供有效的服务。例如作为志愿者想给智障儿童带来快乐，但由于对孩子的情况了解不够充分，所准备的游戏活动并不是孩子所能参与的，这种游戏就单纯成为志愿者心目中的快乐游戏。又如志愿者帮助视力障碍的人士行走，这其中有多少人会正确的辅助方法呢?包括部分残疾人士所使用的轮椅又有多少人会正确地使用与辅助呢？往往我们一厢情愿的“正确”方法非但不能给他们带来帮助，反而容易让他们受到伤害。相信这是所有志愿者都不愿意见到的，正因如此，坚持科学性的原则对于助残志愿活动显得尤为重要。对于活动的献爱心者或是受益者，科学的原则将保护双方在活动中的受益最大化。

（三）双向选择性原则

所谓双向选择性原则是一种给予服务双方意愿的一种志愿服务原则或是模式。这种服务原则就是尊重双方的意愿，最大限度地支持每一个人或团队得到自己想要参与的项目。这样可以有以下两个优势，其一可以让志愿者的需求得到满足，即做自己想做的志愿服务，做自己愿意做的事对于每个人来说，既可以提高服务的积极性，又可以提高服务的质量。其二可以满足被服务对象，他们也可以按自己的想法选择适合的志愿服务项目或是人员。这样对于服务的两个主体都可以得到最大的满足，让整个志愿服务的体系效力发挥到最大。

（四）长期性原则

古人常说，做人要善始善终、持之以恒，做公益也自然不可少。我们常常看到很多所谓的公益是做一次，或是一阵跟风的热潮，更有的则是出于行政压力的被迫公益。这种“公益”尚且不说对服务者本身的不利，更多的是对被服务者，即残疾人士的不尊重。长期性原则具体来说就是一项公益活动，或是一个人对公益的参与一定要完成一个周期或是一个项目。之所以要这么做一是对项目或是服务质量的保证，而另一方面则是对志愿者的一种约束。长期性原则在一定意义上也可以理解为是一种契约精神，这种契约精神是建立于活动开展之前的规范性、计划性。这一份规范性、计划性则是对于科学性原则的一种保证。当然，这种长期性原则也必须尊重助残志愿服务的科学性原则，如若不遵守科学性原则，一味追求长期性原则容易对被服务者形成骚扰，是一种不健康模式的依恋。同时对于志愿者来说则是一种拖累，是形成于内心的一种对公益活动的厌恶感。所以说长期性原则是对公益活动的契约保证，也是科学性的保证。

（五）保障性原则

一切公益活动都应保障志愿服务主体的权益。这主要体现在如下几方面：一是志愿者对残疾人士的保障，这种保障应是强有力、无形与有形的。这是一种对残疾人士最为核心的保证。志愿者让残疾人士不受身体和心理的伤害是做志愿服务的基本底线。二是组织者、机构和国家应保障志愿者的基本权益。志愿者作为志愿服务的主体之一，对他们的保障也是必不可少的，这种保障应包括生命安全等基本权益。只有保障了这些基本权益，志愿者才可以没有后顾之忧地进行志愿服务。这样的保障可以有效地避免类似“贵州事件”对志愿者的骚扰恶性事件的发生，这也是对志愿服务长期性的有效保障。三是国家、社会对志愿者组织的基本权益及运行保障。我国大部分的助残志愿者组织是高校学生组织，或是民间非公益组织，应保障该类组织机构的资金、人员及行政运行。

（六）平等性原则

在当今社会我们常说人人平等，而这份平等不应只体现在意识形态领域，而应该具体落实到社会的每一个角落。这也包括助残志愿服务活动的每一个环节。应站在残疾人士的角度去思考问题，既不能过度地去关注他们的缺陷，也不可忽视他们的缺陷。志愿者需要平等地去看待残疾人士，不应该在观念上把他们当作一个弱势群体。有了这样一个平等性的原则，才会做到对被服务对象，即残疾人士最起码的尊重。

二、助残志愿服务的主要形式

志愿助残活动从类别上可分为赛会型（或叫活动型）和日常型。其中，日常型又以社区志愿助残服务为主，下面简单介绍一下志愿助残的6种主要形式。

（一）从服务时间上，可分为长期服务与短期服务

志愿助残服务最重要的特点，就是与日常生活相一致的长期性、延续性和日常性。因此，长期服务是志愿助残服务中最主要的形式。它一般针对服务对象的特定需求建立对接关系，开展长期服务。长期型的志愿服务可以是入户式的，也可以依托社区志愿服务中心、阳光家园、残疾人康复站等残疾人服务基地而开展。丰富多彩的短期服务项目，则体现了社区志愿助残灵活性的一面。它可以针对暂时性的特殊需求，开展富有声势的志愿助残活动，如每年的助残日等。长期服务和短期项目可以互相结合、互相促进。在长期服务的总体框架中，一般都会适当地开展一些有针对性的短期项目。

（二）从服务关系上，可分为单向服务和互助服务

志愿助残在开展之初，志愿者和服务对象之间在能力技能、社会适应、生活状况等方面存在差距，服务带有“救助”和慈善的性质，具有单向性的特点。但随着社区志愿助残服务的开展，必然会逐渐凸显出互助性的一面。残疾人不仅被人服务，同样也逐步有了帮助别人的愿望和能力，并且残疾人自强不息和乐观向上的精神也在不断感染和激励志愿者本身，因此逐步形成相互影响、相互服务的良性局面。

（三）从服务方式上，可分为分散服务与集中服务

残疾人因残疾类别、残疾等级的不同，会有各自具体的、个体化的需求，在针对这些需求时，一般要采用分散服务的形式，“一助一”即是一种典型形式。对于残疾人中存在的各种共同需求，则需要开展相应的集中服务。如社区内的义诊、法律知识普及、康复咨询、无障碍设施建设，文体活动等，都是较为典型的集中型志愿服务。

（四）从服务类型上，可分为普通服务与专业服务

普通服务主要指一些体力劳动和简单技能劳动的志愿助残服务，它强调的是大众性和广泛参与性，是志愿助残服务的基层形式，也是目前开展最多、影响面和参与面最广的社区志愿助残服务形式。专业服务指心理咨询、法律援助、医疗服务、就业指导等专业性较强的服务，它对志愿者有较高的素质要求。随着我国社区建设的深入发展，居民生活水平的提升，对专业服务的需求将越来越大。

（五）在服务载体上，可分为定点服务与流动服务

建立社区志愿助残联络点，针对社区残疾人的需要开展定点服务，是志愿助残的重要形式。但由于每个社区的服务设施不可能面面俱到，尤其是专业性比较强、规模效应明显的一些服务项目，则可以在区县或乡镇街道、某些社区开展定期、非定期的常规流动服务。如残疾人流动图书馆、电影放映队服务等。此外，社区志愿助残往往面临专业人才的欠缺，建立网状便捷的联络机制、开展流动服务，是解决问题的重要办法。

（六）从服务目标上，可以分为补救服务和预防服务

补救型志愿服务主要是针对已出现的或突发的、且残疾人自身无法解决的问题，其目标是为残疾人解决困难和危机。我国已开展的社区志愿助残服务主要为这种类型。而预防型志愿助残则针对残疾人群体中可能出现的各种问题，需要将不同领域、不同专业、不同技能特长的志愿者联合起来，设计、实施有针对性的服务项目，预防和减少问题的发生。预防型志愿助残服务形式可以促进志愿助残服务的深入发展。尽管社区志愿助残的形式可以从不同的角度进行区分，但在具体服务的项目中，往往体现为综合性的形式。从发展的角度来看，应是以互助网络为基本形式，长期服务与短期项目相结合，在既有的普通服务、补救型服务的基础上，大力发展专业服务和预防型服务，实现社区志愿助残服务的规范化、专业化发展。

第四节 助残志愿服务开展的保障情况

※

助残服务主要有政府相关部门（残联、民政、红十字会等）和社会团体（高校、民间组织等）提供。近些年来，国家和地方政府都非常重视助残活动，先后出台相关政策，推进助残服务项目的开展。

一、助残志愿者的素质要求

助残志愿者的工作对象是残疾人。除了秉持志愿精神和新残疾人观外，助残志愿者还应具备一定的知识储备、实务技巧和心理素质。

（一）秉持正确理念

正确的理念主要体现在四个方面，一是担当意识。虽然志愿是一种自发的、无报酬的公益行为，但作为助残志愿者也要对自己做的事情负责任。勇于承担责任，接受批评，认真对待助残这项神圣的工作。二是新残疾人观。用平等观、价值观、存在观去看待残疾人，将他们视为社会普通中的一员，发掘他们的潜能，为他们提供切实的帮助。三是吃苦耐劳的奉献精神。辛苦是助残志愿者的必修课，要面对连续工作、身体疲劳、不被理解等情况，志愿者们要做到能忍耐、能坚持、能包容。四是伦理操守的遵守。应当始终严格恪守保密原则，尊重残疾人的隐私权，保持价值中立。

（二）必要理论与实务技巧

作为一名助残志愿者，要掌握一些相关的理论知识，包括相关的法律规章和政策精神；了解与残疾人相关的专业知识，比如残疾人概论、心理学知识、医学护理常识等。助残志愿也非常重视实务能力，志愿者应当学会熟练运用以下技巧：一是生理层面上的，包括医疗方面的一些基本护理知识；实用技巧方面，如导盲、推轮椅、手语等技能；康复训练方面的，如语言训练、认知训练等。二是心理层面的，如心理辅导、社会支持等。

（三）良好的心理素质

鉴于助残服务对象的复杂性和差异性，要求从事助残志愿者需要具备应对压力和挫折的能力。能妥善地处理好自己的心理冲突，排除日常干扰，从而保证帮助别人的工作顺利进行。志愿者是一个乐于助人的人，只有乐于助人的人才能以真诚的心，不厌其烦地为残疾人提供帮助，才能接受残疾人各种正性和负性情绪，才能进入残疾人的内心世界。受社会上普遍存在的价值观影响，助残志愿者可能会对残疾人产生移情反应，拒绝或过度保护残疾人而不能恰当地给残疾人提供适合的帮助，因此要在实际工作中不断反思自己，不断调整自己。

二、助残志愿相关政策保障

中央文明办、中国残联等 8 部门《关于加强志愿助残工作的意见》（残联发〔2010〕15号）倡导“奉献、友爱、互助、进步”的志愿者精神，唤起社会爱心，动员社会力量，不断发展壮大助残志愿者队伍，广泛深入开展志愿助残活动。各地也纷纷制定《关于加强志愿助残工作的实施意见》，并开展了多种多样的助残活动，以保障助残志愿服务的正常开展。2012年中央文明办联合6部门印发的《关于组织开展“关爱他人——爱幼助残志愿服务行动”的通知》，对于推进志愿助残服务工作具有十分重要的政策意义。2013年中国残联出台《中国助残志愿者注册管理办法（试行）》，这是提升我国志愿助残社会化、制度化水平的又一重要举措。《管理办法》共分7章20条，重点在招募和注册、权利和义务、服务与对接、组织与管理、评价和表彰等方面做了明确规定。

三、助残日的设立

全国助残日是中国残疾人的节日。1990年12月28日审议通过的《中华人民共和国残疾人保障法》第48条规定："每年五月第三个星期日，为全国助残日。"《中华人民共和国残疾人保障法》从1991年5月15日开始实施，"全国助残日"活动即从1991年开始进行。全国每年都进行"助残日"活动，每年助残日活动的主题，都是依据当年残疾人事业发展的重点工作确立的。历年全国助残日主题如下：

1991年第一个全国助残日主题是：宣传残疾人保障法；

1992年第二个全国助残日主题是：走进每个残疾人家庭；

1993年第三个全国助残日主题是：扶助共进；

1994年第四个全国助残日主题是：我们同行——为远南残疾人运动会献爱心；

1995年第五个全国助残日主题是：一助一，送温暖；

1996年第六个全国助残日主题是：预防残疾，增进健康；

1997年第七个全国助残日主题是：助残与自强；

1998年第八个全国助残日主题是：扶贫解困；

1999年第九个全国助残日主题是：无障碍与视觉第一；

2000年第十个全国助残日主题是：志愿者助残；

2001年第11个全国助残日主题是：宣传贯彻保障法，携手迈入新世纪；

2002年第12个全国助残日主题是：关注基层残疾人工作，保障残疾人基本生活；

2003年第13个全国助残日主题是：发展残疾人事业，共同奔赴小康；

2004年第14个全国助残日主题是：情系我的兄弟姐妹，帮扶贫困残疾人；

2005年第15个全国助残日主题是：平等共享，促进残疾人就业；

2006年第16个全国助残日主题是：真实的了解，真挚的关爱；

2007年第17个全国助残日主题是：保障残疾人的权益，共建和谐社会；

2008年第18个全国助残日主题是：牵手残疾人，走进残奥会；

2009年第19个全国助残日主题是：关爱残疾孩子，发展特殊教育；

2010年第20个全国助残日主题是：加大扶持与救助力度，帮扶农村贫困残疾人；

2011年第21个全国助残日主题是：改善残疾人民生，保障残疾人权益；

2012年第22个全国助残日主题是：加强残疾人文化服务，保障残疾人文化权益；

2013年第23个全国助残日主题是：帮扶贫困残疾人；

2014年第24个全国助残日主题是：关心帮助残疾人，实现美好中国梦；

2015年第25个全国助残日主题是：关注孤独症儿童，走向美好未来；

2016年第26个全国助残日主题是：关爱孤残儿童，让爱洒满人间；

2017年第27个全国助残日主题是：推进残疾预防，健康成就小康；

2018年第28个全国助残日主题是：全面建设小康社会，残疾人一个也不能少；

2019年第29个全国助残日主题是：自强脱贫，助残共享。

关键术语提要

1.志愿服务：是指任何人志愿贡献个人的时间及精力，在不索取物质报酬的情况下，为改善社会服务、促进社会进步、推动社会福利事业而提供的服务。

2.助残志愿服务：是当代志愿服务的一个重要方面，是以残疾人为服务范围和对象的志愿服务。开展助残志愿服务，为残疾人提供经常的、切实有效的帮助，帮助残疾人解决实际困难和问题，平等参与社会生活，实现残疾人更有价值、更有尊严的生活。

3.助残日：全国助残日是中国残疾人的节日。1990年12月28日审议通过的《中华人民共和国残疾人保障法》第48条规定："每年五月第三个星期日，为全国助残日。"《中华人民共和国残疾人保障法》从1991年5月15日开始实施。

思考与讨论

1.简述助残志愿服务的主要形式是什么。

2.简述助残志愿服务的基本原则是什么。

3.谈一谈要成为合格的助残志愿者的素质要求。

第三章

为肢体残疾人士提供志愿服务

肢体残疾是指人体运动系统的结构、功能损伤造成四肢残疾或四肢、躯干麻痹、畸形等而导致的人体运动功能不同程度的丧失，以及活动受限或参与的局限。本章主要介绍了肢体残疾的定义、原因、分类以及肢体残疾人群的特点。在了解肢体残疾基础上，介绍了助残志愿者如何为肢体残疾人士提供适当的服务。最后通过事迹分享，让更多人了解肢体残疾志愿服务的开展情况。

第一节　了解肢体残疾人士

※

2006年第二次全国残疾人调查结果指出，我国残疾人总数为8296万人，其中肢体残疾人达到2412万人，占残疾人总数的29.07%[①]。由于肢体残疾人健康状况较差、活动能力受限、生活自理受阻、社会参与局限，无法参与到一般社会活动中，导致其就医、求学、就业、婚姻等方面均出现一些困难。

一、何谓肢体残疾

残疾是对损伤、活动受限和参与限制的一个概括性术语。肢体残疾又称肢体障碍，与神经、肌肉和骨骼的缺陷有着密切的联系。肢体残疾的定义为人体运动系统的结构、功能损伤造成四肢残疾或四肢、躯干麻痹（瘫痪）、畸形等而导致的人体运动功能不同程度的丧失，以及活动受限或参与的局限。肢体残疾包括：上肢或下肢因伤、病或发育异常所致的缺失、畸形或功能障碍；脊柱因伤、病或发育异常所致的畸形或功能障碍；中

① 国务院新闻办 . 2006 年第二次全国残疾人抽样调查主要数据公报 [EB/OL].（2006-12-01）[2021-08-20] . http://www.scio.gov.cn/xwfbh/xwbfbh/wqfbh/2006/1201/Document/325201/325201.htm.

枢、周围神经因伤、病或发育异常造成躯干或四肢的功能障碍[①]。

二、导致肢体残疾的原因

造成肢体残疾的原因有很多，按病源性质分成两类：与神经系统缺损有关者，包括脑性瘫痪、癫痫、脊髓神经损伤、脊柱裂、小儿麻痹等；与骨骼肌肉的异常有关者，包括肌萎症、关节炎、肢体截瘫等[②]。

在肢体障碍中，脑性瘫痪人士的问题在其复杂性和严重性方面与单纯肢体障碍者的情况有些不同，其从出生前至新生儿期间由于各种原因导致的非进行性脑损伤引起的以中枢性运动障碍与姿势异常为主的综合征外，也常伴有智力低下、癫痫、语言障碍、听力低下、视觉异常、行为异常等多种症状。也就是说脑性瘫痪所体现的肢体障碍或姿势行为异常并不单单是由于肢体本身所遭受的损伤，而是由于大脑受损而造成的肢体障碍或是姿势行为异常，也许在运动系统功能方面与其他肢体障碍者无异，但在智力、认知、言语、沟通、社交行为等能力方面有可能会逊色于单纯的肢体障碍者。

三、肢体残疾的分类

按照我国第二次残疾人抽样调查标准中针对肢体障碍人士规定的肢体障碍诊断标准如下：

1. 肢体残疾一级：不能独立实现日常生活活动；
2. 肢体残疾二级：基本上不能独立实现日常生活活动；
3. 肢体残疾三级：能部分独立实现日常生活活动；
4. 肢体残疾四级：基本上独立实现日常生活活动。

具体分级如表3-1所示：

---

① 赵悌尊．社会康复基层工作人员手册 [M]. 北京：华夏出版社，2008 : 20.

② 王玉龙．康复功能评定学 [M]. 北京：人民卫生出版社，2013 : 6-9.

表3-1 肢体残疾具体分级

级别	类型和标准
一级肢体残疾	1.四肢瘫：下肢截瘫，双髋关节无自主活动能力；偏瘫，单侧肢体功能全部丧失。 2.四肢在不同部位截肢或先天性缺肢；单全臂（或全腿）和双小腿（或前臂）截肢或缺肢，双上臂和单大腿（或小腿）截肢或缺肢，双全臂（或双全腿）截肢或缺肢。 3.双上肢功能极重障碍，三肢功能重度障碍。
二级肢体残疾	1.偏瘫或双下肢截瘫，残肢仅保留少许功能。 2.双上肢（上臂或前臂）或双大腿截肢或缺肢；单全腿（或全臂）和单上臂（或大腿）截肢或缺肢；三肢在不同部位截肢或缺肢。 3.两肢功能重度障碍；三肢功能中度障碍。
三级肢体残疾	1.双小腿截肢或缺肢；单肢在前臂、大腿及其上部截肢或缺肢。 2.一肢功能重度障碍；两肢功能中度障碍。 3.双拇指伴有食指（或中指）缺损。
四级肢体残疾	1.单小腿截肢或缺肢。 2.一肢功能中度障碍；两肢功能轻度障碍。 3.脊柱（包括颈椎）强直；驼背畸形大于70度，脊柱侧凸大于45度。 4.双下肢不等长，差距大于5厘米。 5.单侧拇指伴有食指（或中指）缺损；单侧保留拇指，其余四指截除或缺损。

四、肢体残疾人士的特点

（一）运动功能存在缺陷

大多数肢体残疾患者都有明显的外部特点。就各类肢体残疾者的姿势控制、动作协调、平衡功能、关节活动范围、身体形态、身体素质和身体技能的表现来看，从体力、运动能力、肌肉力量、心肺功能、营养状况等方面来讲，可以肯定地说，他们的身体素质比普通人差。运动功能部分或全部丧失，影响个体的日常生活活动。肢体残损的部位和程度不同，对个体运动功能和能力的影响也不同，运动器官残损越多，对个体的能力影响越大。

（二）生活适应能力较低

肢体残疾人士在一定程度上缺乏独立自主的生存能力，在生活出行和自理方面都存在很大的困难。一些患有严重障碍的人士要在别人帮助下才可以进食，有的甚至需要喂食。一些肢体残疾人士需要相应的辅助设施才能完成日常生活的任务。运动上的障碍导致他们适应能力低下。

（三）活动范围受到限制

肢体上的障碍会使人的活动范围受到限制。由于肢体的障碍，在没有无障碍的环境中，肢体残疾人士的行动将受到大大的制约，无法进行独立的活动，进而会影响他们参与各种社会活动。

（四）容易产生心理问题

肢体障碍限制了一个人与他人、与环境的互动，这种限制对心理产生极大的影响。由于不能完全独立地行动，经常需要他人的帮助，容易产生依赖性。如脑性瘫痪人士，由于中枢神经损伤的患者可能带有听力、视觉、认知、言语等方面的障碍，从而更容易造成敏感自卑的心理。由于行动方面的不便，加上无障碍交通环境不够完善，可能造成行动空间的孤立，加深心理上面的孤立，容易形成自我封闭、焦虑、不安、抑郁等表现，使得肢体残疾方面带来的自卑甚至比盲聋人要多一些。

五、对肢体残疾人士的认识误区

误区一：肢体残疾人士认知能力差

肢体残疾人一般仅有肢体上的残疾或缺陷而心理上并无明显的缺陷。他们在感知、注意、记忆、思维等认知过程方面与常人并无明显的区别，只是在个性特征方面存在着不同于正常人的突出特点。他们有学习的能力，对事物也很敏感，会察言观色，能够从事一些力所能及的活动。肢体上的残疾，给他们的学习、生活和工作带来了巨大困难。在这样的困难面前，有些残疾人对外界刺激敏感，加上经常遭受挫折、取笑和不合宜的怜悯，容易产生自卑感，感到处处不如别人，因而会严重地压抑自己的才能和创造力。

误区二：肢体残疾人处处需要帮助

有些人认为肢体残疾人士因为身体残疾，影响了他们的行动能力和运动能力，不能从事需要肢体参与的活动，生活中处处需要别人的帮助，否则无法进行。但事实上，肢体残疾人有一定的生活自理能力，他们在长期实践中练就了独特的生活技巧，而且他们更愿意自主料理生活。残疾不等于残废。缺陷，是一种不足，但也可以成为一种成功的理由。现任残联主席张海迪在五岁时因脊髓疾病致高位截瘫，在残酷的命运挑战面前，她对人生充满了信心，以顽强的毅力与疾病做斗争，以自己的努力和成功彰显了肢体残疾人的自强不息精神。

第二节　如何为肢体残疾人士提供服务

※

肢体残疾人由于肢体障碍导致他们在出行、生活自理、学习工作等方面都存在很多的困难。因此在为他们提供志愿服务时应充分考虑到其特点，选择恰当的服务内容和技巧，方能为其提供高质量的志愿服务。

一、助残志愿服务内容

（一）生活自理方面

肢体残疾人主要障碍是无法完成出行或是生活自理，因此志愿者在对肢体障碍残疾人服务时可提供这方面的内容。一是出行帮助推轮椅。坐在轮椅上的肢残人士出行是相当困难的，特别是很多地方没有无障碍设施，限制了他们参与社会生活的机会。志愿者在得到肢体残疾人士的允许下，帮助他们推动轮椅，并主动地清除路上的可移动障碍，方便他们自身的行动。二是有些重度的肢体残疾人士在吃饭、喝水、换衣方面需要辅助，比如脑瘫人士，志愿者应当及时帮助他们提供一些特别的健康护理服务。如果肢体残疾人士使用辅助器具（吸管、勺子）能够完成吃饭或喝水时，那就让他们独立自主地完成日常生活活动。志愿者只需在必要时提供恰当的服务，太多的帮助只会让肢体残疾人士产生依赖性，在日后的生活当中缺乏面对突发事件的解决能力。

（二）康复训练方面

康复训练主要是指为肢体残疾人提供物理治疗和作业治疗的康复服务。物理治疗是徒手或借助器械，综合应用水疗、电疗、光疗等手段，改善全身各个关节的活动范围，提高残存肌力，增强肌肉耐力，恢复协调和平衡能力，使截瘫病人学会翻身、起坐和床与轮椅之间及轮椅和厕所之间的转移动作。作业治疗是根据患者的功能障碍特点，从日常生活活动、生产劳动或闲暇活动中有针对性地选取一些作业活动，对患者进行训练，提高患者身体的综合协调能力和精细动作能力，使患者掌握进食、穿衣、如厕等日常生活动作，并学会一些基本的职业技能。志愿者可以协助肢体残疾人士完成一些康复训练。

（三）心理辅导方面

志愿者要做的就是经常关心并帮助他们，了解掌握患者的心理活动，做好心理方面的疏导，使患者保持心理平衡，从而使患者变悲观失望为主观努力，勇敢地面对现实，树立新的生活目标和自我价值实现的愿望。志愿者可以从心理上支持、理解、帮助肢体残疾患者，帮助他们树立信心。例如因突然出现车祸等意外而导致残疾的患者，从心理上难以接受现在的事实，易产生轻生等念头，抱怨上天的不公等等。这时，志愿者应该更多安慰他们的情绪，进行言语交流时，要尽量避免敏感词汇的出现，以免触及他们内心的敏感点，可以通过讲一些他们喜欢的、愿意听的内容，激励和鼓励他们好好康复和生活。

（四）辅具支持方面

辅具支持主要是指能够帮助、促进或保持肢体残疾人士功能和能力的设备设施，通常对于不同残疾类型需要提供不同的辅具帮助。代偿功能类的主要包括假肢、各类轮椅等，例如小腿截肢的残疾人安装上假肢后，就能够步行、骑车，还能负重劳动，完全能够代偿小腿的功能；各类轮椅是肢体残疾人的代步工具，借助轮椅他们可以走出家门，参与社会生活。辅助生活类的用品用具主要有各类助行器具、生活自助器具和残疾人专用的学习器具等，例如各类拐杖、助行架，能够帮助肢体残疾人支撑和步行；生活自助工具包括防撒碗、拾物器、残疾人专用刀、勺等，帮助残疾人最大限度地实现生活自理；学习器具包括供高位截瘫人专用的电脑操作系统等。对于不同病症的肢体残疾人，还需要根据具体的病症提供适宜的辅具支持。志愿者应当掌握基本辅具的用法，以便更好地帮助肢体残疾人士。

二、助残志愿服务技巧

（一）提供专业的助残技术，做到尽量"不干预"

志愿者要根据肢体残疾的种类，提供专业的帮扶技术：

1. 坐轮椅的肢体残疾人士

首先要先征得肢体残疾人士的同意之后才可以帮忙推轮椅，切记不要看到轮椅就去推，这样反而会造成肢体残疾人士的困扰。待肢体残疾人士坐稳后再开始推轮椅。需要前进时，推轮椅的志愿者两眼要注视前方，双手持住把手，身体与地面垂直，小臂自然弯曲于腰两侧，依靠腿的力量，通过两手使车平稳地向前移动，推车志愿者移动时的两腿步长要相等，不宜过大，匀速前进，不能急停急起，使坐车人感觉到舒适和安全。需要停车时，先要语言提示，逐渐放慢速度，三五步之后才能停止前进，切忌后拉急停。推轮椅上坡时，要保持平稳，蹬地的脚要平稳，慢用力，两臂保持屈位，手持手推把，身体略微向前倾，切记两臂不要伸直，两腿不要迈得太大，身体重心不能向前靠在两手上，要始终保持身体与车把手的正常姿态与车同行。下坡时手臂弯曲，不要再前加力蹬腿，身体略后仰，双手控制车的前冲速度，保持平稳行进。当遇到路上有一些小障碍物时，要提醒坐在轮椅上的残疾人士，当通过时两臂后压使前支撑小轮略微抬高，然后不加速向前推车，切忌用力前冲推。

2. 使用助行器的残疾人士

志愿者在和他们并排行走时，最好中间保持一段距离，以免碰撞到残疾人士助行器具。架双拐的残疾人在行走或上下楼梯时，一般不必搀扶，别人的搀扶反而会失去平衡。在上楼梯时，最好走在他们的前面，或者待他们上到楼梯顶层再跟上。不要在后面亦步亦趋地紧跟，让他们有紧迫感。如果为了方便照顾，也可以在征得同意后，陪伴在适合的位置。征得同意，尽量协助肢体残疾人提随身大件行李。如果残疾人士是单手使用助行器，那志愿者可以在征得残疾人同意基础上，协助其不用助行器械一侧的手臂。上楼或下楼时，志愿者可以伸出一条手臂，让肢体残疾人士主动扶住。

3. 不使用助行器的肢残人士

恰当正确地搀扶下肢肢残人，将为其顺利行进带来便利。志愿者站在残疾人肢体残疾严重的一边，将手臂伸出，让残疾人扶其手臂，掌握重心，保持肢残人站立行进时的舒适姿势。搀扶前进时要保持与肢残人同步。完成搀扶后，要主动提醒肢残人，以便其准备好独立行走或借助辅助器械行走。对于双上肢残疾人，志愿者要主动为其开门关门，并且在对方请求时帮助他们拿取物品等。

（二）真诚辅助肢体残疾人，细微之处显尊重

为肢体残疾人士提供他们需要的帮助方为志愿服务的宗旨。志愿者要从根本上明白以肢体残疾人士原有的生活模式为主体，在以不影响或较少影响的前提下提供方便和便捷的服务。在日常生活方面，肢体残疾人的已有能力能完成的活动，就让他们自主地完成该运动过程，而不是以志愿者的能力去代替肢残人群的能力完成活动过程。过分的热情或忽视都不是尊重和真诚的体现。在与肢体残疾人士接触过程中，要从细微之处显示出对他们的尊重和帮助。

1. 语言措辞方面

要注意自己的言语行为，如果患者不愿意就不要过多地询问患者的隐私问题；在进行沟通交流的时候，尽量不要提起有关家庭等有可能触及他们内心的敏感词语，以免他们伤心，可以适时地说一些时政新闻，大家一起发表自己的观点；也可以让他们聊一聊有关志愿服务的问题，提供一些意见和建议，以便改进志愿服务；如果需要提醒肢体残疾人士，尽量采用积极正面的表达方式，避免使用批评、挑剔或者命令的口吻。

2. 行为动作方面

在与坐轮椅的残疾人交流的时候，要保持一段礼貌的距离，最好能采用蹲姿与他们进行交流，让双方的目光可以在同一水平线上；不要依靠肢体残疾人的轮椅或是其他辅助设备，不要不经允许去触摸他们的身体，特别是去拍轮椅使用者的头或者肩部表示友好。

3. 保护权益方面

在进行志愿服务拍照留念的时候，要注意征得他人同意才可把照片进行宣传或分享，要保障残疾人士的肖像权、隐私权以及医院及机构的商业隐私，包括照片、个人信息、治疗计划等。

三、助残志愿服务注意事项

1. 不要“强行”帮忙

如果是肢体残疾人自己能做的事情，一定要让他们自己做。如果因为他们身体不方便就为他们做好一切，反而伤害了他们作为一个人的独立性。需要征得同意方可提供帮助。在帮助肢体残疾人士之前，一定要征得他们的同意后再进行具体的帮助。他们不喜欢甚至反感别人对他们的怜悯，如果不征得他们的同意，就上去帮忙，可能会被拒绝，使志愿者陷入尴尬局面。

2. 保持正常目光注视

肢体残疾人士因为身体外形的缺陷，往往会非常在意别人对其身体的注视。因此志愿者在服务过程中一定要做到：目光要平和，不要露出奇怪或者惊讶的表情；不要把目光停留在肢体残疾人士的残疾部位上，切忌上下打量，这样很容易给他们造成伤害；不要以同情的眼光看待服务对象，肢体残疾人士非常敏感，同情的眼光只会让他们更加拒绝你的帮助。

3. 称呼要恰当

在称呼上一定要做到尊重，要考虑到服务对象的国籍、民族、宗教等各种社会文化背景，直呼其名不太合适。即使是相处得非常熟悉的人，关系非常好，也不用使用“跛子”“瘸子”等之类的词，哪怕开玩笑也是不合适的。在称呼的口气、语调上要亲切、亲近。

案例分析

在大学中谱写奉献之歌

——南京特殊教育师范学院心海扬帆助残事迹

有这样一群大学生，他们年纪在20—22岁不等，他们是南京特殊教育师范学院的莘莘学子，不过他们也还有另外一个共同的小家，这就是心海扬帆心理服务中心。2008年4月成立，至今已十年有余，每年服务时间不少于100小时。在从事志愿者的工作当中，每一位同学都一直以“奉献、友爱、互助、进步”为宗旨，捧着一颗博爱之心，服务肢体残疾的人群们。

心海扬帆一直坚持以标准严格要求同学，在思想和行动上保持先进积极向上，能够认真学习专业知识理论，不断提高理论水平，争取每一次的志愿助残活动都要深入人心，取得理想的效果！在志愿服务中，作为特教学校的博爱学子，他们努力践行志愿者精神，保质保量地完成了肢体助残服务每一项工作。他们每周周二、周五定期开展助残志愿服务活动。一是带领同学们为这些身体不方便的特殊天使们出行游玩，与大家同享欢乐，因为除了身体方面，其他的他们都一样。二是组织开展教学活动，由心海扬帆的同学担任“爱心教员”，为肢体残疾儿童义务施教，除此之外，在日常生活、思想、心理等方面也会为这些特殊天使提供力所能及的帮助。

除此之外，他们也会利用双休日、节假日等推出社会公益活动，并明确主题，以服务肢体残疾为主开展志愿服务。志愿服务采取“一助一”“多助一”的形式进行帮扶。对需要帮助的残疾人，以生活、学习方面服务为重点，还尝试为其开展上门服务等。他们还将助残志愿服务的重点延伸到了社会救助、敬老扶幼等服务领域。

每一次活动，他们都以“奉献”为主题，始终把助残活动的志愿服务对象放在最需要帮助的人群身上。为了体现我们志愿服务的作用效果，针对志愿服务对象的年龄、实际情况以及需求不同，服务对象所需服务的时间长短自然而然的也就不同。

不同年龄阶段服务对象活动安排（节选）

	分类	活动内容	活动材料	注意事项
幼儿阶段	手部动作	1.将纸筒剪成2—3段 2.带领儿童一起用细麻绳传纸筒	纸筒、细麻绳	此项活动可根据孩子的程度适当调整工具（如粗吸管、彩色细吸管）
	肢体动作	1.志愿者边唱儿歌《推球球》边示范把大球推向儿童，同时示意儿童把大球推回 2.儿童接到球后，推回给志愿者 3.儿童与志愿者来回推球，重复以上动作	大球	注意儿童的手力是否足够把大球推开，避免儿童扭伤手臂
	语言	带领儿童唱儿歌、听儿歌	—	此项活动更多的是带儿童感知音乐
	知识文化	1.志愿者与儿童相对而坐，将两副交通路线图放在儿童的面前。出示红色和绿色的小车，让儿童将两辆车分别模拟驾驶到交通路线旁边 2.将胶水和放有颜色纸的塑料盘放在左方。志愿者示范使用胶水涂在纸上，并分别将红色和绿色的纸块贴在交通路线的框线内 3.指示儿童将颜色纸分类贴到交通路线的框线内。若儿童有困难，用手协助儿童将纸块贴在正确位置 4.重复步骤，并逐渐减少协助 5.让儿童将所有指块贴在正确位置 6.若儿童能完成，立即给予奖励	红色和绿色小纸块（放于小塑料盘内）、两盘出租车线条图、胶水、红色和绿色的玩具小车、奖品	1.准备少量面积较大的纸块，并在完成后立即给予奖励，让儿童获得成功感 2.玩具小车用来引起儿童的兴趣以及作为视觉提示，但若儿童过于沉迷玩玩具，可使用小车的照片或图卡作为提示

（续表）

	分类	活动内容	活动材料	注意事项
青少年期	手部动作	带领儿童利用牙签、彩色纸条作画	胶水、素描纸、牙签、彩色纸条	孩子若不能自己构想出画面，志愿者准备样稿或是辅助完成
	肢体动作	1.志愿者将长方形纸条放在儿童面前，用一只手固定纸条、另一只手来夹夹子，示范给孩子看 2.志愿者帮助孩子做成属于自己的“王冠” 3.“王冠”完成后给孩子戴上并照镜子让孩子看看谁是小国王	彩色纸条、胶水、夹子	孩子的手部能力比较好的时候可以自行用纸片制作王冠的角，并可以加入加冕的环节
	语言	1.志愿者让儿童玩玩具动物和玩具屋，之后志愿者把所有的玩具动物都放在篮子里 2.志愿者A示范说出动物名称，从篮子里取出一只玩具小狗，问另外一个志愿者，这是什么，同时拿出一张狗的图片，并做出该名称的口型，然后志愿者B示范说出狗。志愿者A便把玩具小狗交给他 3.以此来示范，让儿童模仿	一个完成篮、一个篮子、一间玩具屋、几只玩具动物（如白兔、狗、猫、老虎等）“结束”提示卡和几张动物卡片	1.此活动需要两名志愿者参与 2.可加入儿童喜爱的玩具，如车子，让儿童找到玩具动物后，假装带玩具动物乘车，以增加活动的趣味性 3.当儿童说出目标动物名称后，成人可指导儿童把动物图卡放在完成篮内

（续表）

	分类	活动内容	活动材料	注意事项
青少年期	知识文化	1.志愿者和儿童相对而坐，将两幅交通路线图放在儿童面前。在儿童面前放置红色和绿色两辆不同颜色的玩具车，并帮助孩子模拟驾驶车辆的交通线 2.将胶水和放有彩色纸的塑料盘放在左方，志愿者帮助孩子将胶水涂在纸上，并将红色和绿色的纸块贴在交通路线的框线内 3.帮助孩子将颜色纸分类贴到交通路线的框线内。若儿童有困难，用手协助儿童将纸块贴在正确位置 4.重复以上步骤，并逐渐减少协助 5.让儿童将所有纸块贴在交通路线的框线内，若儿童能够独立完成，立即给予奖励	红色和绿色小纸块（放于小塑料盘内）、两幅出租车线条图、胶水、红色和绿色的玩具小车、奖品	1.将胶水和装有颜色纸的塑料盘放在左方，纸条图放在右方，让儿童清楚看见盘内纸块的数量，而数量应与联系的次数相同 2.起初，可准备少量面积较大的纸块，并在完成后立即给予奖励，让儿童获得成功感。其后可逐渐增加纸块数量并缩小面积 3.玩具小车用来引起儿童的兴趣以及作为视觉提示，但若儿童过于沉迷玩玩具，可使用小车的照片或图卡作为提示
成年期	手部动作	在志愿的辅助下完成吹画	绘画纸、颜料	志愿者完成框架后让残疾人士充分表现自我
	肢体动作	1.志愿者首先把四个小纸球放在活动场地的四个角落，又在场地的中间位置摆放一个小呼啦圈 2.志愿者同残疾人士一样坐在轮椅上，借助竹棒（2根）将纸球扫进呼啦圈里 3.志愿者与残疾人士竞赛	竹棒、纸球、呼啦圈、轮椅、地标线	注意控制竹棒的长度以及纸球的大小

（续表）

	分类	活动内容	活动材料	注意事项
成年期	语言	模仿志愿者发出的声音（例如小狗的声音、汽笛的声音）	—	志愿者需注意模仿的音量，并建议志愿者将此环节设置为竞技类项目，增加游戏的趣味性及互动性
	知识文化	开展包括法律知识、环境保护、世界史等主题性的讲座	根据主题自行准备	根据成年人的兴趣和需求进行主题选择
老龄期	手部动作	—	—	—
	肢体动作	带领残疾人士去户外散步	安全措施的设立	志愿者需注意安全事宜
	语言	说说评书	—	可以让老年人回忆起当年的乐趣
	知识文化	开展文艺展演	—	—

关键术语提要

1.肢体残疾：人体运动系统的结构、功能损伤造成四肢残疾或四肢、躯干麻痹（瘫痪）、畸形等而导致的人体运动功能不同程度的丧失，以及活动受限或参与的局限。

2.脑性瘫痪：其从出生前至新生儿期间由于各种原因导致的非进行性脑损伤引起的以中枢性运动障碍与姿势异常为主的综合征外，也常伴有智力低下、癫痫、语言障碍、听力低下、视觉异常、行为异常等多种症状。

思考与讨论

1.简述肢体残疾导致的病因。

2.简述肢体残疾的分类。

3.简述肢体残疾人士的特点。

4.结合所学所思，谈一谈如何为肢体残疾人提供志愿服务。

第四章

为智力残疾人士提供志愿服务

智力残疾又称智能缺陷、智能不足、智力落后、精神发育不全、精神幼稚症、智力薄弱等，是指智力明显低于正常人水平（智商低于70），并显示出适应行为的障碍。本章主要介绍了智力残疾的定义、原因、分类以及智力残疾人群的特点。在了解智力残疾基础上，介绍了助残志愿者如何为智力残疾人士提供适当的服务。最后通过事迹分享，让更多人了解智力残疾志愿服务的开展情况。

第一节　了解智力残疾人士

※

2006年第二次全国残疾人抽样调查数据显示我国智力残疾人为554万，占残疾人总数的6.68%[1]。智力残疾人数量巨大，这种类型的残疾人在生活技能、人际交往、社会融合等方面比其他残疾人更加困难，就业处于不利地位，对残疾人的自我价值的实现和社会融入带来负面影响。

一、何谓智力残疾

智力残疾指各种原因导致的发育过程中（18岁以前）出现智力功能明显低于同龄水平和社会适应能力明显障碍；一般以韦克斯勒智力量表智力商数（IQ）低于人群均值2.0标准差（人群的IQ均值定为100，一个标准差的IQ值为15），即IQ在70或75以下为智力障碍；适应性行为包括个人日常生活能力和履行社会职责两方面[2]。此类残疾是由于神经系统结构、功能障碍，使个体活动受限和参与局限，需要环境提供全面、广泛、有限和间歇的支持。智力残疾包括在智力发育期间（18岁之前）由于各种有害因素导

① 国务院新闻办．2006 年第二次全国残疾人抽样调查主要数据公报 [EB/OL]. (2006-12-01)[2021-08-20]. http://www.scio.gov.cn/xwfbh/xwbfbh/wqfbh/2006/1201/Document/325201/325201.htm.

② 杨璞，桂宝恒，邬玲仟．智力障碍的病因及诊断方法 [J]. 中国当代儿科杂志，2015（6）: 543-548.

致的精神发育不全或智力迟滞，或者智力发育成熟以后，由于各种有害因素导致的智力损害或老年时的智力明显衰退。

二、智力残疾导致的原因

2006年第二次全国残疾人抽样调查，将智力残疾的致病原因划分为：

①遗传。遗传条件是智力残疾最常见的已知原因。常见的因素有染色体异常（如第21对染色体多出一个染色体或染色体移位）、先天性代谢异常（如苯酮尿症、半乳糖血症）等。②发育障碍，包括胎儿和新生儿窒息、早产、低体重和过期产、发育畸形、营养不良等造成的智力残疾。③疾病，包括感染性脑疾病、脑血管病、物质代谢、营养疾患、内分泌障碍、惊厥性疾病、精神病等。④创伤或意外伤害，包括母孕期外伤及物理伤害、产伤、工伤、交通事故、其他外伤。⑤中毒与过敏反应，如母亲嗜酒、酗酒、滥用药物导致的胎儿中毒，以及铅或汞中毒等。⑥不良文化因素，如文化剥夺、教养不当、感官器官剥夺等。⑦其他。⑧原因不明。

三、智力残疾的分类[①]

（一）一级智力障碍（极重度）

智商在20或25以下。他们适应行为方面表现很差，几乎无法和他人进行有意义的交往，面容呆滞，表情木讷，语言困难，运动感觉功能差，一般都伴有肢体运动功能方面的障碍，终生需要他人照料。

（二）二级智力障碍（重度）

智商在20—35或40—55之间。他们的社会适应性行为也比较差，能进行一些简单的、有实际意义的交流，有初步的情感表达，生活能力方面存在障碍，需要他人照料。

（三）三级智力障碍（中度）

智商在35—50或40—55之间。他们在社会适应性行为方面较前两类

① 国家标准化管理委员会，民政部，中国残联．残疾人残疾分类和分级：GB/T26341-2010[S/OL].(2011-05-01)[2021-08-20]. http://www.hngy.gov.cn/zwgk/fggw/content_1491288.html.

有较大进步，虽然仍会表现出适应行为不全，但可以和他人进行简单的交流，也能够初步表达自己的要求，可以达到部分生活自理，能从事一些简单的家务劳动，具有初步的卫生和安全常识，但阅读和计算能力、空间认知能力等比较差，部分生活由他人照料。

（四）四级智力障碍（轻度）

智商在50—70或55—75之间。他们在社会适应性方面低于同龄人，但如果不认真观察或没有深刻的交流，一般不会发现他们存在交往方面的障碍，能够进行一般水平的交往和表达内心的感受或愿望；生活上一般都能自理，可以承担一般家务或工作，但缺乏技巧和创造性，一般情况下生活不需要他人照料。

四、智力残疾人群的特点

（一）智力水平低于常人

智力残疾主要是大脑功能障碍。大脑是人的认知、情感、思维、推理等各种高级心理活动产生的来源地，它的功能障碍必然导致在运动、语言、认知、社交等各领域落后于正常人。而且智力组成的各方面发展也不均衡，有的表现为综合障碍，有的表现在某一方面能力低下，其他方面较好或接近正常。比如20岁的轻度智力残疾，语言能力为10岁，运动能力为15岁，交往能力为8岁。

（二）适应行为存在障碍

智力残疾对个体的社会生活能力也产生影响。由于认知水平较低，智力残疾个体无法理解生活中的各种问题，尤其表现在两个方面：一是社会交往。他们的婚姻与家庭问题处理能力、就业能力、自我保护能力以及人际交往、应变能力都存在障碍。二是生活技能。他们在应对复杂的生活或工作技能上需要协助，有些中重度的智力残疾个体无法生活自理，终身需要别人的照料。

（三）情绪能力水平较低

由于大脑功能方面不完善，智力残疾人士在情感表达上延时性、掩饰性、隐忍性、情绪控制能力都比较差，对情感的表达比较直接和简单。

由于他们在生活中经常面临困难，由此容易产生负面情绪，通常表现为敏感、合作性差、闷闷不乐。当自我愿望遭受限制时，常常以发脾气的方式来表现，不考虑场合，直至要求被满足方可罢休。

（四）肢体运动功能缺陷

由于神经系统发育迟滞，智力残疾人士在运动发育、运动技能的掌握和实际运动水平等方面都存在一定的障碍。特别是一些协调性要求比较高的活动无法胜任。智力残疾的程度越高，运动发育也越差，障碍也越严重。

（五）伴随一定语言障碍

智力残疾人士的语言发展水平一般是低于普通人群。他们存在语言的理解和表达的障碍，在语言表达和理解的深度、广度上都不够，对于一些复杂的表述不能够理解，语言的表达内容也比较简单。另外，在语言操作层面上的能力也较差，记忆、运算、推理等较高层次的语言加工能力不足。同肢体运动功能障碍一致，智力障碍的程度越重，语言障碍越严重。

（六）存在一些行为问题

智力残疾人士往往会表现出其年龄不相符合的幼稚行为，有时会因此遭受他人的戏弄；有些智力残疾者会表现出攻击行为，会以各种方式攻击别人，也可能会破坏自己或他人的物品；还有些会表现出强迫行为，他们会不断重复一些仪式化的动作。

五、对智力残疾人士的认识误区

误区一：智力残疾人无法独立，训练起不到作用

不是所有的智力残疾人都要依赖别人，无法独立生活。如常人一样，智力残疾人士也有多方面的潜能，只要有适当的训练，他们的潜能便可得到发挥。轻度及中度智障人士在日常起居方面大部分可自我照顾；而严重智障人士透过重复的学习，亦可掌握一些日常起居生活的技能，如梳洗、如厕、烹饪等，无须依赖他人。除了生活自理可以独立以外，轻度和中度智障人士，若透过适当的培训，就能拥有一技之长，可以找到适合自己的工作，为社会做出自己的贡献。尤其是智力残疾儿童的早期干预效果更不容忽视。儿童生长发育的早期（0—7岁），是大脑、智力、社会适应能力发展最迅速的时期，也是学东西最容易、最快的时期。智力残疾儿童在这个时期的可塑性很强，因此，不失时机地从医学、康复、心理学、社会学角度对儿童进行干预可以促进儿童运动能力、感知能力、认知能力、语言交往、社会适应能力、生活自理能力的发展，从而最大程度地减少残疾带来的危害。很多智力残疾儿童经过早期干预可以进入普通小学或培智学校就读。

误区二：智力残疾具有传染性，与之应保持距离

智力残疾是永久的缺陷，既不是疾病，也不是精神病，不是药物可以治愈的。智力残疾是不会传染的，其性质与流感、痢疾等传染病不同。智力残疾是指智力显著低于一般人水平，并伴有适应行为的障碍。此类残疾是由于神经系统结构、功能障碍，使个体活动和参与受到限制，这种残疾不具有传染性。他们需要环境提供全面、广泛、有限和间歇的支持，以改善他们在社会适应方面出现的障碍，更好地融入社会生活。

误区三：智力残疾人应该隔离，无法参与到团体

由于智力残疾人认知缺陷，民事行为能力全部或部分受限，他们自身融入社会的能力非常薄弱，社会对他们的接纳程度也最低。有些人就提出将智力残疾人隔离安置。比如庇护工厂，工作场所与社会隔离，导致智力残疾人被排除在常态社会生活之外。其实隔离智力残疾人士对他们没有好处，任何人都需要接触不同的事物和听取不同的意见，只有接触更多的信息才有助于个人成长。隔离不利于智力残疾人融入社会，享受与他人同样的物质与精神生活。况且智力残疾人在康复训练或是教育指导下，是可以加入融合团体中，团体中成员之间的沟通和支持能更好地促进智力残疾人社会适应能力的提高。

误区四：智力残疾人有暴力倾向，不能与之太接近

一些人认为智力残疾人智力低下导致常以暴力行为来处理冲突，因此要与他们保持一定的距离，以避免成为攻击对象。其实，每个正常人都有潜在的暴力倾向，而智力残疾人士的暴力倾向并不比一般人大。智力残疾人士有时会以大叫、推打东西等行为来表达自己的情绪和感受，但这并不代表他们有意伤害别人，而只是他们的沟通能力比一般人弱。一方面他们很想与别人交朋友，让别人明白自己的想法，但往往因为表达能力有限导致交往不畅，出现一些打、推、叫、砸等行为，但他们这些行为背后的原因并不是真正要伤害别人，而是出于交往不畅的一种替代性表达；另一方面智力残疾人，特别是智障儿童之间的攻击多以畏惧心理、保护自己为主，较少发生故意以伤害同伴为目的的攻击行为。有些智障儿童经常受到别人欺凌和嘲笑，内心是自卑和害怕的，他们的攻击行为更多的是一种自我防御。通过说服教育、行为矫正，尤其是创建接纳的氛围都可以有效地消除掉智力残疾儿童的攻击行为。

误区五：智力残疾人性情古怪，难以结交和相处

智力残疾人士其实很喜欢结交朋友，他们有强烈的社交需求。但是因为一些原因导致他们给人的感觉是性情难以捉摸，很难深交。原因一：智力残疾人由于自身缺陷，害怕在交往过程中遭到别人的嘲笑，从而形成封闭的心理，加上自身不善辞令，给人感觉他们孤僻难以接近。原因二：智力残疾人士对基本礼仪与习惯、方法难以正确感知，与正常人沟通时显得过于突出、不合拍，甚至部分智力人士在与正常人交往时，会出现冒失、莽撞、无礼等交往失败行为，严重阻碍与正常人的沟通交流。其实，你只需花点时间和耐心去了解他们，便不难发觉他们的可爱处。他们对人真诚和单纯，任何的喜怒哀乐都会真实表达，与他们在一起相处你会很轻松。他们有一颗热情的心，当他们感受到你的理解和认可时，他们会对你投入更多真挚的情感，建立比较持久的同伴关系。

第二节　如何为智力残疾人士提供服务

※

智力残疾人士智力明显低于一般人的水平，并显示适应行为障碍。因此在为他们提供志愿服务时应充分考虑到其特点，选择恰当的服务内容和技巧，方能为其提供高质量的志愿服务。

一、助残志愿服务内容

（一）生活技能训练

志愿者在服务过程中，除了为智力残疾人士提供一些生活照顾以外，更重要的是可以引导和协助他们进行一些技能训练。首先，从生活自理引导入手训练。从生活能力目标定位角度看，需要初步训练智力残疾人士的基本生活自理技能，选择简单易行、容易为智力残疾人士学习和掌握又属于日常生活中应用的基本技能，作为训练内容。①学会用钱买东西吃；②学会简单的生活自理能力，如按时起床、吃饭、喝水、卫生等；③学会觉察意识自己身体不适；④学会合适地装扮自己，比如穿衣、穿鞋、简单搭配打扮等；⑤其他管理，照顾自己的基本技能。在自我照顾能力提高的基础上，可以增加实用生活常识的教授。比如遇到危险如何自救、面对陌生人如何处理、遇到困难如何求助等，这些训练都有助于智力残疾人士在社会生活中更好地适应。

其次，增加听、说、读、写等一般学习性能力的培训，从听懂、练习运用、熟练掌握到清晰表达。①学会基本的算术运算，比如认数字，简单加减；②学会基本信息的接受处理，认识简单的常用汉字、写字及读简单的报纸等；③学会基本劳动工具，并尝试做简单的家政，如做饭菜、洗手帕袜子、扫地擦桌子等。④学会简单的职业劳动技能。智力残疾人士要成为能够独立生存和劳动的社会成员，就必须学会能获得和保持某项工作的技能。可以根据智力残疾人士的兴趣和自身优势，教授一些易于操作的职业技能，如园艺、手工、编织、打字等，以保障其正常的生存。

最后，为改善智力残疾人士的交往问题，加强人际交往技能的训练。①学会对父母、朋友、邻居、同伴友善有礼貌；②学会和别人分享食物或是其他用品；③学会对人点头微笑；④学会说对不起；⑤学会其他的一些基本社交。

（二）康乐游戏活动

智力残疾人士需要适量的康乐活动，这有利于增强他们的自信心，培养其学习社会技巧，适应社会能力，更好地融入社会。志愿者可以根据智力残疾人士的年龄和残疾程度设计和组织相应的活动，让他们在活动中发挥所长。有研究显示，智力残疾人士最喜欢的康乐活动前五位分别是：①旅游及参观。可以以团体形式组织他们到一些近郊或是较安全的户外去游玩，也可以参观一些他们感兴趣的展览馆等。户外的活动中可以加入一些体能活动的元素，促使他们在参与活动过冲中，激发体能以及社交与情绪的提升。②卡拉OK及唱歌。定期举办唱歌大赛或是组织唱歌兴趣班，在志愿者的带领下让智力残疾人士一展歌喉，既可以发泄情绪，又可以提升自信，在音乐的伴随下释放自己。③游泳。这是一项非常有益身心的有氧运动，可以增强肺活量和释放压力。志愿者可以组织一些水上的活动，如游泳接力、水上玩球等。④跳舞。可以举办文艺晚会或是集体舞表演，让智力残疾人士能够通过舞姿展示自己，建立自信。⑤绘画。绘画是一种非言语的表达，鉴于智力残疾人士语言表达能力比较弱，他们可以通过画笔将自己的所思所想表达出来，让更多的人理解。志愿者可以举办画展或是团体绘画活动，让智力残疾人士有机会用色彩描绘自己。除了以上的康乐活动，还可以组织球类活动、烹饪活动等，运用创意，将一些传统的活动加以调适，配合智力残疾人士的兴趣及能力，激发他们积极参加社交及康乐活动的动机。

（三）提供支持体系

智力残疾人士无论是生活、康复、就业、社会保障状况都比别人或者说比别的残疾人有更多的困难，而这种困难是连锁的，是环环相扣的，是有逻辑关系的。由于遗传、基因会导致智障，很多智障是由遗传引起的，有些家庭有两个智力残疾人士，比如父母是智力残疾，孩子也有可能是智力残疾，一户多残。而且智力残疾人士缺乏自我保护的能力，他们的权益最容易受到侵害。因此志愿者要为他们提供全方位的支持。

1. 为智力残疾人士提供陪伴、探访及护送工作

智力残疾人士参与活动或是出行时多有不便，志愿者可以陪伴他们，给予他们及时的帮助和指导，最大限度降低他们参与社会生活的障碍；定期去智力残疾人士家里或是所在中心探访他们，陪他们聊聊天，做做活动，打扫卫生等，让他们感受到被人关心的温暖；要保证智力残疾人士的安全，每次外出都要做好护送工作，如遇到智力残疾人士有紧急事件发生，协助完成救助和护送。

2. 提供家庭服务和支持

要关心智力残疾人士的家庭状况，了解其家庭的困难和所需帮助，协助转介往其他适切服务；帮助其家庭提供技术性的服务，比如修理电灯、维修物品、家具清洁等；另外做家庭指导，为智力残疾人士营造良好的家庭气氛，让其更好地感受到家庭的支持。

3. 做好社区教育工作

志愿者要做好社区宣传工作，教导社区中其他成员能够接纳智力残疾人士。可以通过开讲座、宣传栏、融合活动等方式让更多的人了解智力残疾人士，与他们和睦相处，并能提供适当的帮助，为其创设良好的社会支持。

二、助残志愿服务技巧

（一）沟通以简单、具体、明确为主，辅助非言语帮助

与智力残疾人士在一起，需要让他们很快了解你的意思，这样他才能与你进行有效的互动。因此在交谈时要做到说话简单：①以浅白的字句交谈，需要时应说慢一些或重复；如果有必要的话，强调话语中重要的部分，让他们更容易理解。为了确定他们是否理解，可尝试请他们重申要点；②用非言语的方式辅助理解。采用表情、手势语或是身体语言来帮助智力残疾人士理解。当他们在完成一些任务出现困难时，可以通过手势辅助或是示范来帮助他们；③给指令要明确和简单，少出现一些抽象的词。比如："把那把椅子拿过来。"这个指令就不够具体，容易让智力残疾人士理解错误，因为不知道到底是哪一把椅子。可以说具体和清楚些，"把那把红色的椅子拿过来"，这样信息明确比较容易让他们理解和操作。

（二）耐心、认真地聆听他们的心声，给予尊重和赞美

学会聆听，是对别人最好的尊敬，也是对别人的一种赞美。耐心聆听智力残疾人士的说话，一方面有助于理解其说话的内容，同时也使对方感受到被尊重，加深彼此的了解、信任感及亲密程度。如何倾听？"3F聆听"是根据马修·罗森博格（Marshall B. Rosenberg）和汤姆·斯通（Tom Stone）的研究结果发展出来的技法。三个F分别是：Fact，Feel，Focus。Fact：不用自己的想法和固有观念对对方的话进行评判，客观地接受对方谈话中的信息。Feel：在倾听事实的同时，感知对方的感受。Focus：把握对方真的想要什么，真正的意图是什么？用耳朵和心去倾听智力残疾人士内心的世界，给予他们内心的支持。

（三）协助智力残疾人士适应社会活动，不要吝啬赞美和鼓励

作为志愿者，要清楚适应社会活动的主体是智力残疾人士，我们不是要替他们完成任务，而是给予他们适当的协助，减少他们的障碍。因此要做到：①要有耐心，提供适当的方法和技巧去协助；②尽量给予智力残疾人士足够的时间去完成活动，切勿催促，尤其在转换一项活动时，更需要给予足够的时间适应。在克服困难、努力适应的时候，智力残疾人士是非常需要鼓励的，志愿者应对他们的正面行为给予适当的鼓励及赞赏，这样不仅会使他们有成功及满足感，同时也会引导他们对正面行为作正确认识。被人肯定，可以让人更有自信，也会对自己所做的事情充满信心。被人赞美，能够让人激发出无穷的动力。

（四）活动设计要因人定制，具有针对性和有效性

根据智力残疾人士的身心特征和实际需求拟出的设计的活动才能有吸引力和针对性。设计时要考虑以下几个因素：①年龄。不同年龄的智力残疾人士开展的活动都不一样，智力残疾儿童主要以游戏为主，而智力残疾成人主要以一些技能性的活动为主。要记住的是配合其实际年龄而非智龄。如不要安排一位智龄两岁而实际年龄四十岁的智力残疾人玩吹五彩泡泡。②能力。主要是体现在智商程度上，智商水平低的人士活动需要简单、易操作，不设计抽象游戏；智商水平高点的人士可以考虑团体及参与性更高的活动；③身体状况。安全永远是首要考虑的要素，因此在设计时一定要顾及智力残疾人士的身体情况。由于部分智力残疾人有其他生理疾病（如唐氏综合征患者常伴有心脏病），故避免过分激烈的游戏，注意其健康情况。④难度。活动设计难度要适合智力残疾人士。在进行较复杂的活动或游戏时，应将程序或步骤分化，使他们容易吸收和学习，注意减少其挫败感。

三、助残志愿服务注意事项

尽量不要当着面谈论他们的能力，或者有损他们自尊的话语，需要特别注意的是智力残疾人士的自尊心很强，有时候我们一个很微小的表情，例如当他和你说话，你没有关注到时他们就会很有挫折感。

智力残疾人士青春期行为表现：一是过度亲密：对于和自己接触的人表现出异常的好感；二是逃避和恐惧：对于异性，虽然有青春期的男女交往需要，但因为种种原因他们习惯压抑自己的情感，所以会逃避异性。

与智力残疾人士开展活动一定要以其实际年龄为参考值来设计活动或是与之交往，不要用智商水平作为标准。智障成人心智可能还停留在幼儿阶段，像个孩子，但又不是孩子，不要用类似孩子气的话和他们交流，他们会很排斥。

在志愿服务过程中安全是第一位的，特别是志愿服务对象是智力残疾儿童时。无论是户外活动还是户内活动都要事先提醒智力残疾人士安全须知，尽量要保证环境、食物和活动器材的安全性。志愿者身上或背包上不要携带过多饰品或尖锐物品，避免损坏或划伤“孩子”。拍照请拍摄与志愿活动有关的场景，避免只拍摄智力残疾人士，更不要只拍他们的面部特写。

智力残疾人士思维比较简单，交往方式也缺乏技巧，因此在做志愿服务过程中要有耐心和技巧，不要轻易地打断或是拒绝他们，可以采取转移话题或是注意力的方式来处理。

案例分析

“二十载青春助残，让爱行天下”
——东华大学“智力助残”志愿者服务队事迹

东华大学机械学院“智力助残”志愿者服务队是以“为残疾人子女义务家教”为主要助残形式的志愿者服务队伍。

20年来，“智力助残”服务队坚持每周面向松江区阳光之家的智残人士开展丰富并有教育意义的活动。通过义务家教活动，被辅导的残疾人子女学习成绩都有了不同程度的提高。在阳光之家奉献爱心活动中，服务队通过开展形式多样的志愿者服务活动，帮助智障人士提高生活自理能力，使他们找到生活的信心，以乐观的态度坚强地面对生活。东华大学“智力助残”志愿服务队先后获得各项荣誉和表彰40余次，已然成为高校志愿服务教育和大学生思想政治教育的优秀平台，同时也为当代大学生践行伟大中国梦的具体实践做出优秀示范。（摘自上海教育新闻网）

以下节选东华大学“智力助残”活动安排：

东华大学“智力助残”志愿者服务队活动安排

一、常规活动安排简介

1.岳阳、方松街道义务家教活动

活动时间：每周六、周日（每次2—3小时）。

活动人数：每户家庭3名志愿者，共31户家庭，93名志愿者负责义务家教活动。

活动内容：志愿者根据受助学生的情况，有针对性地为其进行各门功课的辅导。

2.中山、永丰、岳阳街道“阳光之家”爱心活动

活动时间：周一至周五，具体时间由各阳光之家负责人确定，活动每次2小时。

活动人数：每次每组8—12名志愿者；三个阳光之家共计6组，60名志愿者负责活动。

活动内容：①生活技能培训：由志愿者教阳光之家学员学习生活技能，例如折纸、写字、简笔画、制作工艺品等；

②生活常识、礼仪培训：学习识别钱币、安全标识、认识地图、学习唱歌、日常礼貌用语、生活习俗等；

③体育锻炼培训：由志愿者陪同学员进行体育活动，例如羽毛球、乒乓球、篮球、跳绳、拔河等；

④娱乐互动环节：志愿者面向阳光之家学员进行歌唱、舞蹈类的活动表演，在过程中邀请学员一同参加、互动，共同娱乐，从而激发学员面对生活的热情，增强他们的自信。

3.“英语角”走进社区活动

活动时间：每周日下午3：00—5：00。

活动地点：岳阳街道人乐小区花园，

岳阳街道民乐小区居委会活动室。

活动人数：每次每组8人。

服务内容：为残疾人家庭子女以及社区居民子女进行口语能力提高。

活动内容：①口语话题交流环节：志愿者通过引导参与学生进行关于话题内容的口语交流，提高参与者的语言表达、组织能力；

②口语互动游戏环节：通过组织穿插口语对话的小游戏，提高参与者的口语水平；

③词汇积累环节：在本环节中志愿者会将提前准备好的经典口语词汇、短语教授给参与活动的同学，增加他们的语言积累；

④根据节日开展大型主题活动，例如：母亲节特别活动，志愿者辅导参与活动同学使用英语为母亲制作贺卡，用英语给母亲送去最温暖的祝福。在提高英语水平的同时提高参与活动同学的素质修养，增进社区的和谐氛围。

关键术语提要

智力残疾：又称智能缺陷、智能不足、智力落后、精神发育不全、精神幼稚症、智力薄弱等，是指智力明显低于正常人水平（智商低于70），并显示出适应行为的障碍。

思考与讨论

1.简述智力残疾导致的病因。

2.简述智力残疾的分类。

3.简述智力残疾人士的特点。

4.结合所学所思，谈一谈如何为智力残疾人提供志愿服务。

第五章

为感官功能残疾人士提供志愿服务

感官功能残疾人士主要指是感官的残疾，可由先天或后天疾病引起，造成不同程度的失明或失聪。本章主要介绍了听力残疾人士和视力残疾人士。首先介绍了听力残疾和视力残疾的定义、原因、分类以及听力、视力残疾人群的特点。在了解感官功能残疾基础上，介绍助残志愿者如何为感官功能残疾人士提供适当的服务。最后通过事迹分享，让更多人了解为感官功能残疾人士开展志愿服务的情况。

第一节 了解感官功能残疾人士

※

2006年第二次全国残疾人抽样调查数据显示听力残疾人数2004万，占残疾人总数的24.16%；视力残疾人数1233万，占残疾人总数的14.86%[①]。生理缺陷、社会技能缺乏、外在环境歧视等因素，使听力残疾人和视力残疾人很容易产生个人和社会适应上的诸多问题。

一、听力残疾人士

（一）何谓听力残疾

2006年第二次全国残疾人抽样调查残疾标准中规定[②]，听力残疾是指人由于各种原因导致双耳不同程度的永久性听力障碍，听不到或听不清周围环境声及言语声，以致影响日常生活和社会参与。

（二）听力残疾导致的原因

听力残疾的分类方法很多，依据病变的性质，可分为器质性听力残疾

---

① 国务院新闻办 . 2006 年第二次全国残疾人抽样调查主要数据公报 [EB/OL]. (2006-12-01)[2021-08-20]. http://www.scio.gov.cn/xwfbh/xwbfbh/wqfbh/2006/1201/Document/325201/325201.htm.

② 国家标准化管理委员会，民政部，中国残联 . 残疾人残疾分类和分级：GB/T26341-2010[S/OL]. (2011-05-01)[2021-08-20]. http://www.hngy.gov.cn/zwgk/fggw/content_1491288.html.

和功能性听力残疾，前者有听觉系统的器质性病变，后者没有。依据病变损害部位可分为传导性听力残疾、神经性听力残疾和混合性听力残疾。依据发病的时间又可分为先天性听力残疾和后天性听力残疾[①]。依据致病原因又可分为遗传性听力残疾和获得性听力残疾。

1. 先天性听力残疾

与遗传因素、孕期和产程有关。如果孕妇在怀孕期间感染过风疹、巨细胞病毒、单纯性疱疹病毒、梅毒都可能导致新生儿患有先天性听力残疾。孕妇在怀孕期间服用过抗糖尿病药物如苯乙双胍、氨基糖甙类药物如庆大霉素、卡那霉素等也可能导致胎儿听力残疾。孕妇在怀孕期间接触过放射线、做过放射线治疗或患甲状腺功能减退等疾病，也可能引起新生儿听力残疾。

2. 传染病源性听力残疾

各种急性传染病、细菌性或病毒性感染，如流行性乙型脑炎、流行性腮腺炎、化脓性脑膜炎、麻疹、猩红热、流行性感冒、耳带状疱疹、伤寒等均可损伤内耳而引起轻重不同的感音神经性聋。

3. 药物中毒性听力残疾

多见于氨基糖甙类抗生素，如庆大霉素、卡那霉素、多粘菌素、双氢链霉素、新霉素等，其他药物如奎宁、水杨酸、顺铂等都可导致感音神经性聋。双侧性，多伴有耳鸣，前庭功能也可损害。

4. 老年性听力残疾

多因老年血管硬化、骨质增生，使螺旋器毛细胞和螺旋神经节供血不足，发生退行病变，或中枢神经系统衰退，导致听力减退。

5. 外伤性听力残疾

颅脑外伤及颞骨骨折损伤内耳结构，导致内耳出血，或因强烈震荡引起内耳损伤，均可导致感音神经性聋，有时伴耳鸣、眩晕。轻者可以恢复。

6. 突发性听力残疾

是一种突然发生而原因不明的感音神经性聋。耳聋可在瞬间显现，也

---

① 郑晓瑛，孙喜斌，刘民. 中国残疾预防对策研究［M］. 北京：华夏出版社，2008：24-25.

可在数小时、数天内迅速达到高峰，多为单侧，亦有双耳患病，伴耳鸣，有的可伴眩晕。早期治疗可获得较好效果。

7. 噪声性听力残疾

由于长期遭受85dB（A）以上噪声刺激所引起的一种缓慢进行的感音神经性聋，主要表现为耳鸣、耳聋，亦可出现头痛、失眠、易烦躁和记忆力减退等症状。

（三）听力残疾的分类

听力残疾一级：听觉系统的结构和功能方面极重度损伤，较好耳平均听力损失≥91 dB HL，在无助听设备帮助下，不能依靠听觉进行言语交流，在理解和交流等活动上极度受限，在参与社会生活方面存在极严重障碍。

听力残疾二级：听觉系统的结构和功能重度损伤，较好耳平均听力损失在81—90 dB HL之间，在无助听设备帮助下，在理解和交流等活动上重度受限，在参与社会生活方面存在严重障碍。

听力残疾三级：听觉系统的结构和功能中重度损伤，较好耳平均听力损失在61—80 dB HL之间，在无助听设备帮助下，在理解和交流等活动上中度受限，在参与社会生活方面存在中度障碍。

听力残疾四级：听觉系统的结构和功能中度损伤，较好耳平均听力损失在41—60 dB HL之间，在无助听设备帮助下，在理解和交流等活动上轻度受限，在参与社会生活方面存在轻度障碍。

（四）听力残疾人群的特点

1. 语言表达困难

听力残疾人士常被称为聋哑人，其实聋未必哑。因为听力受损，失去了学习语言的机会，造成口头语言表达困难。其实这些听力残疾人士的言语器官本身没有疾病。听力残疾程度越重，语言障碍越明显。平均听力损失71—90dB，对较大的声音可有声感，但不能分辨言语声，可导致语言障碍；平均听力损失90dB以上，语言障碍明显，不能通过听说进行正常的社会交往。听力残疾人在社会沟通与交流中常出现一些语言表达障碍，如发音不清，特别是对一些声母和韵母的组合发音困难，对语调的掌握不准，流畅性差，一般只能出很短的音节，在语言加工上面也存在严重的障碍。

2. 视觉优势明显

当听觉丧失之后，视觉在一定程度上处于感知运动中的优势位置。听力残疾人士“以目代耳”尽量用视觉来补偿听力。听力残疾人运用视觉来认知世界，他们的视野比健听人广阔，对人脸、表情、事物的位置、颜色、方向的记忆力较强。听力残疾人士丧失了听力，靠手势语言和别人进行交往，靠视觉器官的直观形式获得信息，并进行交流，因此视觉敏感，形象思维非常发达。比如听力残疾人士对画画就有优势。由于听力障碍，与人交流受到限制，这样就使他们在宁静的环境中能够全神贯注，以其丰富的想象、思维能力，充分调动灵巧的双手，最终形成精致的画面和独特的艺术语言。

3. 依赖感比较强

听力残疾人士对生活和工作的目标不够明确。遇到困难或是要完成一些任务时，总是依赖别人，把一切希望都寄托在别人身上，而不是依靠自己解决问题。而且一旦得到帮助后，就会更加依赖他人。究其原因主要是他们在家庭和就业等问题上比普通人困难多，他们害怕失败，自我评价低，缺乏自信，因此在与人交往中不自觉地把自己放在配角位置。只要存在着心理上的依赖性，就必然不会有选择，也就必然会有怨恨和痛苦。一旦听力残疾人士觉得需要别人，离不开别人，便成了一个脆弱的人。

4. 猜疑心理较重

听力残疾人士由于自身的缺陷，在社会竞争中明显处于劣势，因此其本身存在着严重的自卑感，进而造成了心理上的一种偏差，认为自己低人一等，但同时又容易猜疑，这种现象相当普遍。听力残疾人士注意力过度集中，过多地注意别人对自己的态度，正常人之间的哄笑，如果不及时告诉他们原因，他们就会怀疑别人在说自己的坏话。所以，英国有的聋校规定，听力残疾学生在场时，健听教师之间交谈也必须打手势。

5. 喜怒常形于色

听力残疾人士性格豪爽、耿直，“好”就是“好”，“坏”就是“坏”，很少拐弯抹角，喜怒哀乐表达非常直接。他们的情感反应方式比较强烈，而且多表现于外，频度高但持续时间短，情绪自控能力差，稍不如意就会发脾气。常人之间的精神活动往往要借助于听觉，用口语来表达和传递自己的思想情感。而失去听觉，就容易造成精神活动的贫乏，导致心理上的压抑、苦闷，一旦遇到不顺利，他们就将情绪一股脑地发泄出来。

（五）对听力残疾人士的认识误区

误区一：听力残疾人士是又聋又哑，与他们不能用口语沟通

随着助听辅具的发展以及普及，很多听力残疾人士通过佩戴助听器或是植入人工耳蜗都可以不同程度地提高听觉能力，再通过系统的语言训练，是可以听得到声音，也可以开口说话，虽然部分听力残疾者说话音调可能不如一般听人清晰，大致仍可沟通无阻。所以，看到听力残疾者，不要叫他们哑巴，也不要误以为他真的完全听不到。

误区二：听力残疾人士自我保护性强，不愿意与健听人交往

听力残疾人士较易和自己同类的人交流。在听力残疾群体内部，人际交往的情况和普通人没有什么不同。而和健听人交流，就有一些问题存在，主要是语言困难。虽然沟通有些障碍，但是听力残疾人士和健听人交往的意愿还是非常高的，他们渴望能与健听人交流，拓宽自己的视野，更好地融入主流社会。他们有时的冷漠或躲避，只是出于自卑、多疑等心理导致的自我保护，他们只是缺少交往的有效工具和信心。

二、视觉残疾人士

（一）何谓视觉残疾

我国2006年第二次全国残疾人抽样调查残疾标准中规定：视力残疾是指由于各种原因导致双眼视力低下并且不能矫正或视野缩小，以致影响其日常生活和社会参与。

（二）视觉残疾导致的原因

导致视力残疾的原因很多，但归纳起来主要有两个方面：

1. 先天性原因

（1）家族遗传

家族遗传指父系或母系中有一方或双方存在显性或隐性致盲因素，遗传给后代。

（2）近亲结婚

这是指直系血亲和三代以内的旁系血亲结婚。从遗传学角度讲，近亲结婚容易造成隐性遗传病的发生。根据一些调查资料表明，近亲结婚所生子女，遗传病的发生率比较高。

（3）胎儿期的影响

母亲在妊娠期间药物中毒、营养不良或患其他疾病，致使胎儿先天发育不良，形成视中枢、眼球发育不良或是其他眼疾。比如甲状腺功能低下可导致胎儿小眼球、眼球震颤等眼疾。

2. 后天性原因

（1）视觉器官疾病

眼球的成像过程可以用照相机的原理来比拟。不论是透光性下降、聚焦不准或屏幕胶片成像不好都会导致视力损害。眼球感受的信息必须通过视神经传递到大脑才能产生最后的视觉。视神经就像数码相机的数据传输线，大脑就像处理数码相机数据的电脑。所以即使眼球完好，如果视神经受损或大脑视觉中枢有问题，也会导致视力下降。导致眼球透光性下降的常见疾病有角膜炎、白内障、玻璃体积血等；导致聚焦不准的疾病常见有屈光不正（近视、远视及散光）；导致成像不好的常见病变有眼底出血、视网膜脱离、视网膜色素变性等；引起视神经病变的有青光眼、视神经外伤、遗传性视神经病变等；颅脑外伤、震荡造成的器质性病变、脑肿瘤等也可导致视力残疾。此外，眼外伤可导致眼球各个部位的损伤，导致视力下降。

（2）全身性疾病

全身性疾病包括传染性疾病，如麻疹、风疹、脑炎、结核病等；一般性疾病，如糖尿病、高血压、肾炎、贫血及维生素缺乏等。患有以上疾病均有可能对视力造成不同程度的影响。

（3）心理性因素

人们的情绪及心理问题也是导致视觉功能异常的重要因素。短期的情绪困扰往往在视觉功能上立刻显示出异常症状；长期的不良情绪对于视觉功能会造成长远的影响。病态的情绪反应，甚至会造成完全失明。

（三）视力残疾的分类

2006年第二次全国残疾人抽样调查残疾标准把视力残疾分为盲和低视力两类①。盲可分为：一级盲：最佳矫正视力低于0.02或视野半径小于5度；二级盲：最佳矫正视力等于或优于0.02，而低于0.05，或视野半径小于10度。

低视力可分为：一级低视力：最佳矫正视力等于或优于0.05，而低于0.1；二级低视力：最佳矫正视力等于或优于0.1，而低于0.3。

[注] A. 盲或低视力均指双眼而言，若双眼视力不同，则以视力较好的一眼为准。

B.如仅有一眼为盲或低视力，而另一眼的视力达到或优于0.3，则不属于视力残疾范围。

C.最佳矫正视力是指以适当镜扯矫正所能达到的最好视力，以针孔镜所测得的视力。

D.视野＞5度或＜10度者，不论其视力如何均属于盲。

（四）视力残疾人群的特点

1. 行动能力受限

视力残疾人生活中最大的问题是由于无法通过视觉获取信息，导致行动能力和行动范围受限，并且行动安全没有保障。他们想要便捷地行动必须了解行进方向障碍物信息、目的地位置信息、可行路径信息以及途经关键位置信息。但是这一切对于有视力缺陷的他们是非常困难的，这也限制了视力残疾人的出行范围，给他们的生活造成了很多困难。

2. 随时学习机会受限

视力残疾人士因为视觉障碍而无法感知世界的五彩缤纷，给他们的学习带来了诸多不便。他们无法通过敏锐的视觉记录下生活中的点点滴滴，也无法即时、随时的捕捉信息；同时很多书本的知识由于无法读阅，导致学习机会受到限制。

3. 与环境互动能力受限

社会的许多环境都是按照视觉的标准而构建的，视力残疾人士以无视

---

① 国家标准化管理委员会，民政部，中国残联 . 残疾人残疾分类和分级 : GB/T26341-2010[S/OL]. (2011-05-01)[2021-08-20]. http://www.hngy.gov.cn/zwgk/fggw/content_1491288.html.

觉的孱弱之躯来适应视觉社会必然会踌躇得不知所措、失去安全感，在许多情况下会感到无能为力而常常焦虑、自卑、缺乏自信及归属感，这极大地影响了他们在与环境互动上能力的发展。

4. 记忆能力较常人强

视觉残疾人的记忆力优于常人，且特别擅长回忆连续发生的事件。他们看不到，于是当他们想过街或在房间里四处走动时，就得依赖其他方法。他们无法靠视觉认出物体，因此，便根据顺序记住它们。视觉残疾人将世界视为一连串发生的事件，他们根据物与物的相对关系记忆物品。虽然丧失了视力，却在记忆方面得到补偿。这不是先天的优势，而是后天学习得到的能力，证明了熟能生巧所言不虚。

（五）对视障人士的认识误区

1. 视力残疾人什么都看不到

有些志愿者一听说是“视力残疾人”就马上会联想到这些人眼里没有光明，全是黑暗一片，对光线、空间等一切都看不到，而实际情况并不是这样。视力残疾包括盲和低视力两种。低视力是有部分视力的，他们有些人是可以看到光，甚至用一些辅具是可以看到字、图片等。即使是归属于“盲”类的，真正全盲完全看不到任何东西的人还是比较少的，大多数人都是有一些残余视力的。

2. 视力残疾人无法独立生活

视力残疾人的眼睛虽然看不见五彩的世界，但他们的心灵不是封闭的；残疾并未使他们消极对待生活，而是向生活挑战，向黑暗挑战，积极地面对生活，用智慧战胜困难。视力残疾人的生活大多数都是依靠触觉、听觉以及其他辅助工具，如拐杖、导盲犬等进行的。他们不但学会了生存、自理，而且还在不断地追求知识的提高，有些甚至做了常人都难以做到的事。

第二节　如何为功能残疾人士提供服务

※

功能残疾人士由于听、说或是看等感觉器官有残疾，在人际交往、参与社会生活等方面存在困难。因此在为他们提供志愿服务时应充分考虑到其特点，选择恰当的服务内容和技巧，方能为其提供高质量的志愿服务。

一、助残志愿服务内容

（一）组织团体活动

功能障碍人士需要融入主流社会中，封闭的环境不利于他们的融入。他们虽然在视觉或是听觉的功能上有障碍，但是其他感觉系统的补偿作用能为他们参与团体活动提供帮助。因此，志愿者可组织一些适合功能障碍人士参与的团体活动，充分发挥他们的优势能力，让他们在活动中感受到存在感。

1. 适合听力残疾人士的活动有：

（1）体育竞赛类

听力残疾人的身体协调能力比较好，加上他们喜欢做一些运动，比较适合参加如田径、球类等活动。

（2）摄影、绘画、书法类活动

听力残疾人的视觉能力突出，而且对颜色、构图以及空间能力都较强，这类的活动容易凸显他们的优势。

（3）动手类活动

比如烹饪或是制作小工艺品。

2. 适合视力残疾人士的活动有：

（1）歌唱、访谈类

视力残疾人士的语言表达能力比较强，加上他们爱思考、专注力程度高，歌唱活动或是访谈类活动能够让他们一展所长。

（2）知识竞赛类

视力残疾人的记忆力能力比较强，他们对一些知识点或是事物记忆深刻，这些能力较常人来说是比较突出的。

（二）功能康复服务

随着现代康复医学技术的发展，功能障碍患者的康复效果越来越好，特别是早期干预的效果更佳。因此，作为志愿者可以为功能障碍人士，尤其是障碍儿童提供康复服务。

1. 听力残疾可以为其提供：

（1）听力咨询服务

可以为听力残疾人士提供一些相关的听力检测、听力辅具验配以及听力训练相关的知识。

（2）听力语言训练

在佩戴了助听器或是人工耳蜗后，可以对其进行听觉能力和语言能力的康复训练。如果是儿童早期发现，并辅助于专项训练，是可以有效改善听力和语言障碍的。

2. 视力残疾可以为其提供：

（1）心理康复指导

为视力残疾人提供心理支持，以缓解其因视觉障碍而导致的内心压抑，鼓励其发展正常的人际关系。

（2）动作发展指导

因为视力残疾人士看不到自己周围的物体，因此运动能力发展迟缓。

进行专项的运动康复，有助于其身心的协调发展。

（三）提供必要辅助

功能障碍的人士是需要一些辅助来参与社会活动的。作为志愿者应该为他们提供必要的、适合的帮助。

1. 听力残疾人士需要辅助：

（1）手语

手语是听力残疾人士表达思想、进行交往的重要工具，它是一种直观的、形象性很强的动态语言。手语包括：手语、手势语、手指语和手势。但由于我国幅员辽阔，人口众多，各地风俗文化不同，各地所使用的手语也不尽相同。地方手语导致听力残疾人在学习科学文化知识以及与各地听力残疾人士交流方面出现困难。因此我国现在推广“中国手语”。手语交流便于听力残疾人士的理解和表达。因此志愿者如果能掌握基本的中国手语，能用听力残疾人擅长的方式进行沟通，这将有利于为听力残疾人提供高质量的志愿服务。

（2）助听辅具

助听辅具是指一切有助于听力残疾者改善听觉障碍，进而提高与他人会话交际能力的工具、设备、装置和仪器等。助听辅具包括助听器、人工耳蜗。助听器的功能是把声音处理及扩大，再将扩大了的声音经由接收器传入耳道。人工耳蜗是运用电子工程技术将发声电子元件植入耳内，直接刺激耳蜗内的听神经，并传至大脑演绎成听觉。志愿者应当掌握一些助听辅具相关知识，包括佩戴、保养等方面，能为听力残疾人提供一些帮助，同时避免在服务过程中造成辅具的损坏。

2. 视力残疾人士需要辅助：

（1）定向与行走技术

定向：利用除视觉以外的其他感觉器官了解周围环境，以确定自己在环境中的位置及与其他物体的相互关系。定向训练是教会视力残疾人如何理解自己与其他物体的关系、面对的方向、行走的距离，训练视力残疾人学会在脑中构成一幅自己周围环境的“图”；还要教会他们如何在环境中寻找线索帮助自己找到路。如果视力残疾人士在行走前未能对行走路线在心理上形成一幅地图，志愿者应该制作一幅触摸地图或带领盲人走一趟。

无论是上述哪种情况，志愿者都要让视力残疾人士了解路上的重要路标和线索，如建筑物、电灯杆、特殊位置的树、邮筒、交通岗、特殊质地的路面及熟悉的声响、气味等，以便帮助他们确定好方向，有效地行走。行走是指从一个地方到另一个地方的移动能力。行走训练可以教会视力残疾人士比原来更安全地、更优雅地、更自信地行走。

（2）盲文

盲文或称点字、凸字，是专为盲人设计、靠触觉感知的文字。透过点字板、点字机、点字打印机等在纸张上制作出不同组合的凸点而组成，一般每一个方块的点字是由六点组成，左侧从上到下为1、2、3，右侧为4、5、6，叫一方。它是由法国盲人路易·布莱叶于1824年创造的，故国际上通称为“布莱叶（Braille）”。盲文是视力残疾人的书面语言，一般来讲主要是全盲的人，也就是常说的一级和二级视力残疾人使用。

二、助残志愿服务技巧

（一）听力残疾人士

1. 交流时应保持真诚态度，掌握一定交流技巧

听力残疾人士视觉优势明显，他们对事物的观察是非常敏锐的，同时也存在着很多的猜疑。因此在与他们交流时，应面带微笑，眼睛最好真诚地注视对方，不要眼神经常飘忽不定，显得心不在焉。在有听力残疾人在场的时候，健听人之间的谈话内容一定要及时地传达给他们，免得引起他们的猜疑或者是误解。交谈时尽量做到语言简单明了，意思直接表达，不要绕弯子，避免用隐晦、幽默或说反话等方式。与懂唇语的听力残疾人士在一起时，要一对一地，语速尽量慢地与其对话。切记不要因为听力残疾人士有听力问题，而提高声音大喊式地说话，夸张的动作会让听力残疾人士感到不舒服。

2. 运用辅助方式进行服务，理解和尊重是保证

与听力残疾人士交流可以考虑使用一些辅助方式，如笔谈或手机交流。在使用书面语言时，考虑到听力残疾人士的语法和用词习惯与健听人有所区别，因此要做到尽量简洁，语句中有主语、谓语和宾语就可以，不用添加太多的修饰词和副词介词，也尽量避免使用口语化的语言。在交流中，要处处体现出尊重，主要表现在不要随便打断对方的讲话或者不顾时机地插话，要善于耐心地倾听，不要总是急于表达自己的观点或是替听力残疾人士做决定。另外掌握一些简单的手势语，比如“谢谢”“你好”“真棒”等，这样便于拉近彼此双方的距离。

（二）视力残疾人士

1. 掌握行走帮扶技巧，让视力残疾人行动无障碍

视力残疾人士在生活中最大的困难就是行走，在视力健全人的带领下行走是视力残疾人士最安全的行走方法。如何正确引导他们行走是志愿者首先需要掌握的技巧。

引领的基本动作：当志愿者要带视力残疾人士行走时，应先征得他的同意。然后志愿者与视力残疾人士并排而立，志愿者用靠近视力残疾人士的手背，轻触他们的手背，视力残疾人士被触及的手沿志愿者的手臂上移至志愿者的肘关节处，视力残疾人士四指在志愿者手臂的内侧，拇指在外侧，轻轻抓握志愿者的肘关节。视力残疾人士后退半步，站在志愿者的后侧方，抓握的手臂的上臂与身体靠拢，与前臂成直角。当志愿者迈步时，视力残疾人士可根据抓握手的感觉行进。建议志愿者站在左侧，视力残疾人士站在右侧。

上下台阶：当走到上台阶边缘的时候，志愿者要主动停留一下，这样首先在动作上提醒了听力残疾人士前方有台阶；也可以用语言告诉他前方有台阶。上台阶时，志愿者先一步上楼梯，视力残疾人士根据手臂的感觉跟随一级上台阶。当志愿者上完最后一级台阶时略加停顿，示意视力残疾人士还有一级台阶就到平地了。下台阶时也如此操作。

进出门口：进门的时候，志愿者和视力残疾人士一般站在门枢纽的另一侧。志愿者开门后，让视力残疾人士的手扶着门的边缘，这样他就能确定门开掩的程度，不会撞在门或门框上。进门后，由视力残疾人士关门。出门时，也是志愿者先打开门，视力残疾人士就顺着拉住门的边缘，出门后把门关好。

通过狭窄通道：志愿者将被抓握的手臂向身后弯曲贴于腰部，视力残疾人士根据志愿者手臂的变化，将抓握手移到志愿者的前臂，在志愿者的

身后行进。当道路宽敞后，志愿者放下弯曲的手臂示意，视力残疾人士恢复原来的行走姿势。

2. 安全是首要考虑因素，掌握一定的防护方法

帮助视力残疾人士活动要以安全为先。视力残疾导致他们无法迅速准确把握周遭环境及事物，容易发生危险事故。助残志愿者要有全面的避险意识，不仅要确保地面无障碍，所到之处如有不平处、电缆或是地毯卷边等情况都要提醒视力残疾人士注意。另外高空处的安全也要注意，例如树枝、门窗等，这些容易碰撞到他们的头部，加重它们的眼部疾病。患白化病的人要防止在烈日下暴晒，以免患日光性皮炎；患视网膜脱落的人，要防止头部的震动，以免加剧视网膜脱落。当发生拥挤情况时，一定要帮助视力残疾人士扶到墙壁、扶手等，让他们找到支撑物，要尽量让他们感到你在他的身边或附近，用语言引导他们如何逃离危险。

3. 助盲从声音开始，注重细节中体现

视力残疾人士的听觉是比较敏锐的，志愿者要利用其优势为他们提供更多的帮助。当你走近视力残疾人时，请在距离他一米左右的点给个声音提示，比如介绍自己，或是很客气地打个招呼。不要让视力残疾人士猜你是谁，如果没有声音提示他们是无法猜出的。需要与视力残疾人士握手时，可以主动表达，并且用语言提示“握握手吧”。与多位视力残疾人士一起时，要明确说出交流对象的名字，提示志愿者正在对他说话。你需要离开时，要用语言告知他们。志愿者要为视力残疾人士服务之前，一定要用语言去征求他们的意见，切记不要擅自做主，这样非常容易引起他们的不安。比如不要贸然帮忙视力残疾人士拿物品，包括包、盲杖等。在为他们引路的时候，也要多用描述性的语言进行提示，比如走到桌子前面时，要提示“前面有个桌子，桌子旁边有两把椅子，杯子在桌子的左边”，要把自己能看到的一切都尽量多的用声音的方式让他们听到。

（三）注意事项

1.感觉功能障碍的残疾人存在听或者看的障碍，他们对周围信息的接受有困难，心理上比较敏感，因此在与他们沟通时需要掌握一些技巧，以免引起他们的不悦。例如，对视力残疾人士避讳说“瞎说”“瞎猜”“瞎想”等词句；与视力残疾人士第一次见面时尽量多地告知对方关于你的信息，让他们有信任和安全感；提示方位时要清楚准确，比如“在你左前方一米左右”，而不是“在这里”这种抽象的表述。

（2）在为功能障碍者志愿服务时，要多询问对方的意图，切记不要在没得到对方允许的情况下擅自帮助他们。

在志愿服务过程中，要以功能障碍人士的兴趣和优势为出发点，积极鼓励他们发挥潜能。听力残疾人士的动手能力很强，美术、刺绣、剪纸、手工都是长项，这些活动能让听力残疾人士看到自身的价值，增强信心。视力残疾人士独立性很强，他们渴望独立地安排自己的活动，喜欢与同龄人一起探讨问题和活动，不喜欢别人过多地指责、干扰和控制他们的言行。

案例分析

你我就是一家人

——南京特殊教育师范学院康复1605班帮扶事迹

2016年9月，47名同学来到南京特殊教育师范学院，组成了康复1605班。康复1605班是学院第一个视障大学生融合教育班级，班内有两名视障大学生，分别是阿溪（化名）和阿青（化名）。

阿溪，女，全盲。在12岁时病变，世界逐渐模糊。多种眼疾并发，只有轻微的色感光感。

阿青，女，全盲。先天失明。世界只有黑白两色，只能靠深浅分辨。白天有轻微的视觉，夜晚降临便一点儿也看不见。

如何安排好视障学生与班级学生的融合学习及生活，对于全班来说都是一个挑战。

1605班决定试行轮流帮扶制度，每天一对一进行学习和生活帮助。全班同学参与帮扶活动，每天轮流带领她们上课、吃饭，帮扶制度不仅解决了视障大学生生活学习上的问题，也促进了视障学生与班级同学的交流，形成了融洽的班级班风。

在带领的过程中发现了许多问题。带领盲生出行，有一定的专业技术，所以全班同学主动学习视障相关专业知识，如定向行走、盲用信息技术等。专业的出行方式可以让双方都更加安全。

两名视障大学生从盲校较为完善的环境中出来后，发现学校各处存在着一些障碍，比如盲道被占用、电梯没有语音提示、教室没有盲文门牌、校内车辆通行存在安全隐患等问题，导致她们无法独立出行。同学们一起排查了学校各处隐患，将问题汇总并上报学校。学校领导也非常重视，将隐患处做了改善，使学校环境更加无障碍化。

由于专业限制，一些书籍并没有成品的盲文版或电子版教材，导致两名视障大学生没有课本可用。同学们在与校图书馆联系后，决定自己扫描校对，为盲生制作教材。书籍经过扫描后，需要人工一页一页校对，工作量大，工作时间长。每学期初，全班同学一起在机房为盲生制作教材，三年来班上同学们默默奉献，制作了近三十本电子教材，保证了两位视障同学的学习需要。

在帮扶过程中发现盲生的独立生活能力较弱，就业前景堪忧。为了帮助更多的视障大学生，以1605班全体同学为基础，成立了视障帮扶社团——曙光社。社团招收志愿者，形成一个交流平台，帮助视障大学生和融合教育班级解决学习和生活中出现的问题，共同积累经验，同时解决周末及节假日的帮扶活动，如利用社团公众号为视障同学制作食堂菜单，方便视障同学点餐。社团生活让视障大学生能够参与到社会的生活当中，了解社会，接触社会，同时也丰富了视障大学生的课外生活。在社会实践中，同学们积极使用媒体平台、社团活动，如微信公众号NJTS–XD、微博等，拍摄视障人群相关视频，普及视障相关知识。由视障大学生制作广播剧、微信推送等，让更多人了解视障人群。

除了学生团队的帮扶外，老师团队也参与其中。与普通学生相比，视障大学生在学习上对老师的依赖程度更高，更需要老师引导鼓励。在授课过程中，老师们也积极调整授课方式及教学方法，了解学生的学习需求，主动与学生交流，定期为他们答疑，帮助他们建立自信心。图书馆专门设立盲文阅览室，供视障大学生使用。学院也为她们提供了录音笔、点显器等设备。考试阶段，老师们专门出电子试卷，并为她们单独准备考场、配备监考教师以及适当的延长考试时间。

现在1605班也将帮扶经验分享给17级、18级的融合教育班级，帮助了更多的视障大学生以及融合教育班级进行帮扶。

康复1605班在2018年荣获“江苏省五四红旗团支部”“江苏省先进班集体”称号。

关键术语提要

1.听力残疾：人由于各种原因导致双耳不同程度的永久性听力障碍，听不到或听不清周围环境声及言语声，以致影响日常生活和社会参与。

2.视力残疾：由于各种原因导致双眼视力低下并且不能矫正或视野缩小，以致影响其日常生活和社会参与。视力残疾包括盲和低视力。

思考与讨论

1.简述听力残疾导致的病因。

2.简述视力残疾导致的病因。

3.简述听力残疾的分类。

4.简述视力残疾的分类。

5.简述听力残疾人士的特点。

6.简述视力残疾人士的特点。

7.结合所学所思，谈一谈如何为听力残疾人提供志愿服务。

8.结合所学所思，谈一谈如何为视力残疾人提供志愿服务。

第六章

残疾人士心理辅导服务

随着社会的发展，残疾人士心理健康问题越来越受到关注。只有健康的心态才能让残疾人更好地融入社会中，提高残疾人的自我认同。本章主要介绍了残疾人士的心理特征，并就其心理因素从个人和社会角度进行了分析。针对残疾人的心理特点，阐述了残疾人士心理辅导的内容，以及合理运用心理辅导技术为这一特殊群体提供支持和帮助。

第一节　残疾人士一般心理特征

※

残疾人群体是一个特殊的社会弱势群体，虽然其生理障碍的类别不同，但存在着一些共性的心理特征。

一、残疾人士心理特点

（一）孤独与自卑感并存

造成残疾的原因有很多，划分标准也存在差别，一般分为两大类：先天性残疾与后天性残疾，而现实中大部分残疾为后天所致。这些残疾人在残疾之前拥有自己的一套生态系统，然而突如其来的打击，让原先的生态系统的平衡被打破甚至被破坏。巨大的冲击下，残疾人士首先会条件反射式选择保护自己，与外界断绝联系，孤独感和自卑感应运而生。残疾人在生理上及心理上的缺陷造成了他们在学习、生活和就业等方面所遇到的困难比普通人多得多，而且从他人或亲属那里得不到足够的帮助，甚至受到厌弃与歧视，这些都会导致残疾人产生自卑和孤独情绪。特别是社会上对残疾人的潜在力量还没有正确的认识和评价，没能采取有效措施帮助残疾人发挥其潜能，成为与普通人一样的社会成员，从而使残疾人滋生负面情感体验。

（二）敏感且情绪管理差

残疾状态导致残疾人注意力过度集中，过度关注自己的缺陷（躯体、生理上残缺、举止、行走等），过度关注别人对自己的评论和态度，有时会过度地解读与猜忌，总担心别人的言行指向自己而产生猜疑心理。这也导致他们对外界情绪反应强烈，容易与别人发生冲突。长时间的情感失衡易产生焦虑、抑郁和愤怒等情绪。焦虑是对不明确的恐惧、担心、害怕的主观体验。残疾人士对工作、学习、生活存在潜在的担心，让他们长期处于焦虑的困境中；抑郁是一种普遍的、衰弱的、长期的情绪反应，表现出悲观、失望乃至绝望、无价值观，对前途失去信心，对生活失去兴趣；残疾人士在得知自己伤残后表现出怨天尤人、烦躁不安，甚至为一些微不足道的小事大发雷霆，还会以敌意或攻击方式做出破坏性行为。

（三）否认且认知评价低

残疾人士为了减轻自己的内在伤害，经常拒绝承认现实，否认是一种比较原始而简单的常用方法，它把已经发生的但又不能接受的不愉快事件加以否定。具体地讲就是借着曲解个体在创伤情境下的想法、情感及感觉来逃避心理上的痛苦，或将不愉快的事件“否定”，当作没有发生，来获得心理上暂时的安慰。因此，过度否认将会使残疾人士不能准确了解和接受现实，情绪上表现为哭泣、轻度抑郁或心境较为平缓，甚至具有使人难以理解的欣快等情绪紊乱现象；行为上表现为敏感、争执、回避不接受事实。残疾人士在不幸面前往往表现自怜、自责或罪孽感，认为病残是命中注定，是祖宗不积德报应，自己应当受罪；有些人产生自卑心理，把自己视为“废物”，甚至失去生活的信心与愿望。

二、残疾人士心理因素分析

残疾人士心理问题的产生往往与个人因素和社会因素有关，这些因素包括残疾人自身残疾程度、受教育程度、经济水平、社会支持等各个方面。

（一）个人因素分析

1. 自身障碍导致的孤独感

残疾人由于自身障碍，无论是行走不便、语言障碍都会影响他们参与社会生活的信心和勇气。他们会尽量避免出行，缺乏正常的社交，缺少朋友，生活和生存范围受到限制，孤独感经常伴随着他们，也抑制了他们的想象力和创造力。一部分人自暴自弃，认为自己是家庭和社会的负担，进而郁郁寡欢；另一部分人由于不被重视和理解，不能享受平等的教育和就业机会，产生了抱怨心理，甚至报复社会和他人。

2. 自我认知缺乏导致的自我否定[①]

人本主义心理学家罗杰斯强调，不确定的自我认识会引起严重的心理问题，对自己的清晰认识会对自身的心理活动及行为有重要的影响，同时也可以帮助个体协调人际关系。残疾人最大的心理问题就是不能面对自己的残疾，不能正确面对“我是残疾人而别人是正常人”这个落差，总是怨天尤人，觉得不公平；残疾人这个词其实也是给他们贴了一个特殊的标签，说明他们是有残缺的人，和别人不一样，他们不敢展示自己，习惯性地压抑自己。

（二）社会因素分析

1. 社会支持力度不够

一个社会中，如果残疾人的合法权益得到保护，其人格和能力能够得到社会其他成员的认同和尊敬，处于良好的社会氛围之中，残疾人就容易形成开放乐观的心理状态，否则就会导致负面情绪的积累，形成封闭的心理。当前社会对残疾人关注不够，部分人还对残疾人抱有蔑视、歧视的现象，使得残疾人在学习、生活和工作中感到无助，很难实现个人的理想与愿望。残疾人缺乏参与社会活动的保障，导致其被排斥到社会主流之外，加重了他们的心理问题。

2. 就业困难引起焦虑

获得一份满意的工作，有稳定的经济收入养活自己和家庭成员是每一个人所向往的事情，残疾人也不例外。目前残疾人的就业渠道比较单一，这造成了残疾人就业困难。第二次全国残疾人抽样调查显示，残疾人的就业水平低于社会平均水平。多数残疾人没有独立或是稳定的经济保障，这在很大程度上影响了他们个人及家庭的基本生活，同时还会影响他们的自

---

① 兰继军，胡文婷，赵辉．残疾人心理发展问题及影响因素的质性研究 [J]. 现代特殊教育，2015（12）:3-7.

我价值感，从而引发一系列心理问题。

3. 婚姻情感备受困扰

恋爱、婚姻到组建家庭是人人向往的幸福生活，残疾人也有婚姻的愿望和强烈的感情需求。但是残疾人的婚姻状况并不理想。究其原因一是非残疾人对残疾人的拒绝和歧视；二是残疾人经济基础差，影响选择配偶的机会；三是残疾导致残疾人活动空间受限，限制了择偶的机会。研究指出：未婚残疾人的社交回避、社交焦虑以及孤独感都显著高于已婚残疾者，未婚残疾人感受到的歧视要显著高于已婚残疾人，这说明婚姻与恋爱可以改变一个人的生活[①]。

4. 家庭环境压力大

残疾人由于自身的缺陷，无法正常参与社会生活，这在很大程度上制约了他们的生活和学习。在这种情况下，家庭环境就显得尤为重要。很多父母没有给孩子积极的引导和情感支持，这在一定程度上给残疾人适应社会造成了压力。一些家庭不愿意让别人知道自己家里有个残疾孩子，对外采取隐瞒的态度和方式。部分残疾人家人不能创造良好的家庭氛围，认为残疾人是家庭的负担，以冷漠的态度对待他们，希望他们自生自灭。不与他们交流沟通，不去满足他们的需求，甚至用粗暴的言语和行为对待他们，加重了残疾人的心理负担，导致心理问题的产生。

---

① 李文涛，谢文澜，张林．残疾人与正常群体心理生活质量的比较研究 [J]. 中国健康心理学杂志，2012（7）：993-995.

第二节 残疾人士心理辅导特点及内容

※

一个残疾人的心理健康与否影响的不仅仅是他个人，更是他背后的整个家庭。因此，关注残疾人这一弱势群体的心理健康，是贯彻实施和谐社会的重要环节。

一、残疾人士心理辅导特点

（一）重视残疾人家庭环境的创建

残疾人不仅是社会成员更是家庭成员，其大部分时间都是与家庭成员在一起度过。家庭成员如何对待残疾人会对残疾人自身的成长及性格的塑造带来直接的影响。家庭对残疾人的态度大致可以分为两类，一类是把残疾人看成家庭的累赘，对其漠视甚至是虐待。另一类是视残疾人为弱者，对其以同情或可怜为主。无论是哪一种态度都会影响残疾人真正平等地参与家庭生活，给残疾人造成心理负担。因此志愿者除了帮助残疾人个体外，也要关注家庭的引导。家庭成员应尊重、关心、理解残疾人，承认残疾人也是家庭中的一员，并让他们参与或承担力所能及的家庭事务；培养残疾人独立的意识，以极大的耐心帮助残疾人满足合理需求，保持和睦相处、互相理解的家庭氛围。只有这样，残疾人才会在社会的关注下坚强、乐观地面对生活中的困难和挑战。

（二）发挥残疾人的主观能动性

志愿者要运用各种方法鼓励残疾人发挥他们的主动性和创造性，让他们更好地参与到社会生活中。要让残疾人摆脱对自己缺陷的纠结，让他们不断思考自己拥有的优势有哪些，如何发挥所长获得自我存在感；帮助他们利用自己拥有的资源，积极参与社会，实现自己的人生价值。例如，对于多数肢体残疾人来说，残疾并没有把他们吓倒，而是给了他们发挥主观能动性、同残疾进行不屈斗争的条件，因而肢体残疾人常常表现出较为顽强的意志力。他们不仅能跟正常人一样学习、生活和工作，甚至还可能为社会做出比正常人更大的贡献。

（三）特殊沟通技巧的运用

人们总是有期望被认同的心理，不被认同，心理上会感到自己是一个多余的人。

个人很难自己认识自己，需要通过他人的赞赏、鼓励、接纳、评价等来认识自己，并消除孤独感。因此在与残疾人志愿服务过程中要保持人格平等。你不要把对方仅限定于残疾人这个属性中，不要过分帮助和关心。同时要多鼓励、多褒奖残疾人，让他们有信心。对于各类残疾人生理上的特殊性，要注意一些特殊沟通技巧。比如视障残疾人看不见表情和手势，志愿者与其交流时就要注意语言的速度和语气的轻重缓急。

二、残疾人士心理辅导内容

（一）做好心理健康方面知识的宣传

志愿者可以通过组织讲座、发放宣传册等方式定期为残疾人普及心理健康方面的知识，增强残疾人心理健康意识，让残疾人能够保持良好的心态面对生活，让他们不仅认识到保持心理健康的重要性，同时也学到一些关于心理健康方面的常识。志愿者可以就残疾人的工作、生活、人际交往等方面，以生动的事例、通俗的语言、深入浅出地讲解残疾人相关的心理健康知识，教给他们缓解情绪、调节心情的方法。也可以邀请一些心理学专家做现场咨询，帮助残疾人解答心理疑惑。同时组织活动向社会各界大力宣传关注残疾人心理的重要性，号召健全人经常与残疾人平等地相处与沟通，不要把残疾人看作是另类，而要把他们看作最需要帮助的朋友。

（二）做好一般性的心理支持

采用支持性的心理治疗给予残疾人以心理关爱。内容集中在对残疾人进行劝解、疏导、安慰、解释、鼓励。志愿者帮助残疾人看到自己的长处和优点，树立生活和治疗的信心，科学地安排生活、饮食和体力活动，有效地去适应面对的困难。在鼓励和劝解残疾人时，一定要真诚和肯定，可以考虑用一些真实的案例来鼓励和安慰他们，让残疾人增强自信心。但是切忌不要盲目地、随便地夸奖残疾人，这样反而会让他们觉得你是出于敷衍或是同情，会遭到残疾人的排斥。

（三）帮助残疾人做好情绪调节

残疾人参与社会生活难免会遇到很多问题，引起不良的情绪反应。残疾人常采用的避免负性情绪的方法是责备、委曲求全、逃避或是遗忘。这些方式都无法很好地处理情绪，长此以往负性情绪的累积会影响残疾人的生活质量，限制其潜能的发挥。志愿者可以指导残疾人积极面对自己的情绪，不要逃避，可以通过一些积极的途径释放情绪，比如鼓励他们积极倾诉，从家人、好友那获取情感支持；也可以通过写日记、唱歌、写书法等方式去宣泄自己的情绪。同时也可以指导残疾人改善处事态度，豁达、从容地面对人和事，会减少很多的情绪困扰。

（四）建立协助支持系统

残疾人生活在一定的群体之中，相关人员的态度对于其心理状态有着重要的影响，特别是家属、同事、病友等这样一些联系比较密切人员的态度对于其心理状态的调节是十分重要的。因此，心理康复不仅要重视患者本身的心理及其变化，也要注意这些人员的心理辅导工作，让他们理解残疾造成的心理问题，并且要解除由于家庭与小团体中出现残疾患者而造成的心理压力，从而为残疾人的心理康复创造一种良好的心理氛围。同时要发挥社区中有关专家与相关人员的作用，在残疾人出现心理问题的时候，随时给予必要的支持与帮助，从而能够更好地为残疾者的心理康复提供保障。

第三节　残疾人士心理辅导技巧

※

掌握不同类型残疾人的心理活动规律，注重方法和技巧，获取对方的信任与合作，打开服务对象的心扉，并在精神或物质层面为残疾人提供实质性帮助。

一、与志愿服务对象建立良好的关系

（一）正确看待是基础

作为一个辅导者，应该正确认识残疾人群体：残疾是个人生命历程的一部分和人类社会中的常态化现象，残疾人是人类多样化的表现，尊重和接纳残疾人的尊严和价值，平等享有与非残疾人一样的公民权利。通俗而言，残疾人与普通人一样，呼吸着同一片空气，生活在同一个地球上，一样地可以生活、社交旅行和工作。

（二）沟通是建立关系的渠道

作为一个辅导人员，在与志愿服务对象沟通的时候，应该遵从以下原则：尊重、同感、真诚、积极关注。

1. 尊重

尊重是指辅导人员以平等、民主的方式来接纳来访的残疾人的一种态

度和能力。尊重，是一种修养，一种品格，一种对人不卑不亢、不俯不仰的平等相待，一种对他人人格与价值的充分肯定。这就意味着在面对志愿服务对象时，不仅要从心理尊重他们，在行为上也要表达对他们的尊重。尊重能使志愿服务对象放松，提供一个安全的环境，从而使志愿服务对象表露内心最真实的自己。尊重还可以使残疾人获得自我认同感，能感受到自己的价值存在，意识到并挖掘自己身上的天赋。如果你以为无微不至的体贴，包办所有的事物就是尊重，那就错了，残疾人最需要的不是同情，而是平等；不是施舍，而是机会。如何做到尊重？

第一，完全接纳志愿服务对象。对于志愿服务对象，不应该存在偏见，或是说仅仅看到他的优点或是缺点，这会影响一个辅导者对志愿服务对象心理状态的判断。要把残疾人士当成一个普通人来看待，不应该表达出鄙夷、嫌弃，或是过多的同情、惋惜等情绪，而是客观地面对志愿服务对象的诉求。

第二，平等对待志愿服务对象。在辅导的过程时，双方在人格上是平等的，拥有捍卫自己的“权利”的权利，可以合理地发声和质疑，可以坚定自己的选择。尤其是在面对志愿服务对象时，有些辅导者会自然流露出对他们的同情和轻视，潜意识中认为自己更具有权威性，甚至会嫌弃他们所遭遇的各种问题。然而，作为一个辅导者不应该轻视他们的问题，而是平等地对待，并且积极地帮助志愿服务对象解决问题。

第三，尊重志愿服务对象的隐私权。尊重和保护志愿服务对象的隐私，是辅导者必须遵守的准则。在未经志愿服务对象许可的情况下，不可随意将辅导内容告知任何人，包括其家人。辅导者可倾听志愿服务对象的问题、苦恼，但是对于状况之外的隐私，不可以因为好奇心或者其他目的而探听，不可以强求对方讲述自己不愿意透露的隐私。

2. 同感

同感在中文词库里面有很多种相同含义的词语，如“共情”“共感”“移情”“神入”“同理心”“同情搭理”，然而它其实是源于“empathy”这一单词的译文。与尊重一样，同感既是一种态度，也是一种行为，同样地，同感也不等同于同情。它是指志愿者设身处地，像体验自己的精神世界那样体验志愿服务对象精神世界的态度和能力，其核心意义在于理解。

它是在客观的位置、平等地看待志愿服务对象的问题，而非一种居高临下的状态。这需要志愿者放弃自身的参照体系，排除个人的偏见以及主观臆断，站在志愿服务对象的立场去深入的体验志愿服务对象的内心世界和真实感受。

第一，要做到能进能出。志愿者要做到感受志愿服务对象的真实感情，但是也要做到能够及时把自己从共情中抽离出来，万不可陷入其中。不要忘记自己的角色，以免失去辅导的客观性。

第二，要因人而异、适度而行。在面对情绪反应强烈的、表达比较杂乱、强烈寻求理解的志愿服务对象时应该表达出更多的同感。在对方正在表达的时候，不可以随便地插入同感，以免破坏对方的情绪；而且志愿者的同感反应可以根据志愿服务对象问题的类型和严重程度来调整。

3. 真诚

真诚即真实、坦诚。它包含了两层意思，真实地展示自我和诚恳地对待志愿服务对象。尤其是当面对一个残疾人志愿服务对象时，志愿者应该以自己真正的自我而非角色的“我”，不刻意伪装去迎合志愿服务对象。所以作为一个辅导者，应该注意以下事：

第一，走出角色。不以自己的身份为准则，放下自己志愿者的身份，不刻意地按志愿者的角色说话做事。

第二，不设防备，敞开身心。全身心接纳志愿服务对象的态度和行为。当遇到志愿服务对象的埋怨和攻击时，不会因此而做出过激的态度和反应，而是理解对方的态度和行为，针对他提出的问题提出建设性的意见。

第三，表里如一。通俗意义上来说就是说的和做的一致，正如罗杰斯所说，做到感受、意识和表达三者一致。

第四，自我表达。倘若志愿者能够自我表达，与志愿服务对象共享自己的思想、经验、情感，这便是真诚的一个标志。

4. 积极关注

积极关注是指志愿者关注志愿服务对象的积极方面，扬长避短，树立志愿服务对象的自信心，从而使志愿服务对象拥有正向的、积极的价值观，这有助于促进二者之间的沟通交流。在辅导的过程中，应基于事实，不应该过分夸大志愿服务对象的优点，也不应该对志愿服务对象的缺点和缺陷表现出过分的悲观。当志愿服务对象是肢体障碍的人，辅导者不应对志愿服务对象的肢体缺陷过于关注，而应引导其看到自身的优势之所在，增强他对自己的信心，引导其走出心理困境。

二、解决残疾人士问题的辅导技术

（一）倾听

倾听是指志愿者专心地听取志愿服务对象的诉求，这是获取信息的基本手段。

1. 感兴趣地听

态度要诚恳，情感要真挚，可以从身体的姿势、表情的变化、语气语调的运用等方面表达。比如开放而又微微向前倾的身体姿势、适度的目光接触及语言的应用。

2. 用心听

用心听是指要细心地听，要不放过残疾人所表达的每一处细节，要敏锐地意识到他们所要表达的含义，要能听出隐藏在志愿服务对象话语之下的弦外之音和潜台词。在志愿服务对象表达的时候要耐心地听，即使志愿服务对象的语言含糊不清、逻辑混乱的时候，或者是叙述时间过长的时候，也要保持倾听的姿势，不可以只听一半，一知半解。不要过早地下判断，也不要过多地进行价值判断。

3. 有反馈地听

在志愿服务对象表达的时候，可以用语言或者非语言的变化来反应。如“嗯”“是的”“然后呢”，还有点头、目光注视、微笑等。

（二）询问

询问是指志愿者为了帮助残疾人有更多的内心表露，围绕着残疾人的核心问题和辅导目标，询问残疾人相关问题。这是引导、沟通和探究的基本手段。运用询问的技巧可以使志愿者更好地帮助残疾人解说自己内心的本意、拓展谈话主题，并且检视自己的反应模式与内心感受。

一般来说，询问有两种类型：封闭式询问和开放式询问。

1. 封闭式询问

使用这种类型的询问常常是为了收集资料并条理化，理清事实，获取重点信息，并可以有效地缩小范围。这种类型的特点词语是“是不是”“对不对”“要不要”“有没有”。当谈话偏离主题的时候，使用封闭式询问可以拉回主题，避免谈话过于个人化，但是使用过多的时候会压抑志愿服务对象谈话的兴趣，使得志愿服务对象无法真实地表露自己的想法。

2. 开放式询问

使用这种类型的询问通常是诊断某些特殊的问题，这样以便于志愿者了解志愿服务对象的一般性问题，掌握与问题有关的具体事实，以及根据志愿服务对象的情绪反应和看法进行推理。通常使用“什么”“如何”“为什么”“能不能”“愿不愿意”等词语来发问，给予志愿服务对象较大的自由空间来对自己的有关问题、思想、情感进行表达。

（三）鼓励和重复

鼓励与重复是指志愿者直接地重复志愿服务对象的话或者通过一些短语复述志愿服务对象谈话中的关键词，或者借助于语气词和表情动作来表达对志愿服务对象诉述的兴趣、重视或接受，给志愿服务对象以心理支持，强化其诉述动机。其实鼓励与重复技术最主要的就是应答，可以使用一些简短的语词来，如“嗯”“哦哦”“对的”“接下来”“然后呢”“接着讲”等等，也可以采用微笑、言语注视、点头等来表达。

需要注意的是鼓励和重复技术是最简单的技巧之一，但是万不可以因为它的简单，而忽视它的作用。它的地位并不低，可以说是一个合格的辅导者必备的技能，是进入志愿服务对象内心世界的一种重要的技能。它可以使志愿服务对象了解到辅导者正在认真地倾听他的问题，他可以继续安全地讲述下去。当辅导者重复志愿服务对象诉求的一些简短的词语时，志愿服务对象会尽可能多地表达相关的内容，如果在他的诉求中出现了两个人物，当辅导者意识到其中一个人物与问题有相关性，可以选择重复这个人物，志愿服务对象就会在无意识中尽可能表达出与这个人相关的信息。

（四）非语言技巧

非言语技巧是言语技巧的补充，起着加强言语表达、丰富言语内涵、修正言语信息的作用，还可以独立有效地传递情感信息。主要包括面部表情、身体姿势和动作、空间距离和声音特质。

1. 面部表情

面部表情是重要的非言语信息来源，面部表情自然、开朗、生动是作为一个辅导者的基本素养。与志愿服务对象保持目光接触可以表示对志愿服务对象的关注与尊重，鼓励志愿服务对象表达自己。柔和的目光让人感到温暖，飘忽不定的目光则会使人感受到不自在，也会让志愿服务对象觉得辅导者心不在焉，对其缺乏信心。还有眉毛和嘴角，倘若眉毛和嘴角同时上扬或者眉毛舒展、嘴唇微启，则意味着心情愉快，反之，眉毛下垂和内敛则意味着情绪低沉；若面部肌肉抽搐、紧张，表情凝固、僵硬，则意味着情绪紧张或恐惧。

2. 身体姿势及动作

身体姿势及动作能有效地传递个体的态度和情绪，一个人固定的体态甚至能够反映他的个性，准确地识别其独特的身体姿势及动作，并理解其中传递出来的信息（如表6–1所示）。

表6–1　非言语行为的识别

身体姿势及动作	表达的信息
身体姿势紧缩与僵直，手脚做出反复摆动、挪动、相叠、交叉等多余的动作	紧张
身体姿势开放，没有多余动作	放松
身体后仰，使手脚以及整个身体与对方拉开距离 玩弄衣角、手表、头发	不感兴趣
身体不自觉地前倾	感兴趣、全神贯注
双拳紧握、牙关紧咬、脚踝交叠或咽口水	克制某种情感

3. 空间距离

空间距离指的是辅导者和志愿服务对象之间的身体距离。每一个人都有自己与别人的安全距离范围，以保持自己的独立、安全和隐私的需要。倘若二者距离过近会引起对方的不满、愤怒和反抗。在面对不同的群体之间的空间距离也是不同的，比如同性之间的距离要小于非同性之间的距离，较为敏感、防御性强的志愿服务对象也需要较大的空间距离等等。在辅导的过程中一般都有固定的位置，要注意的是，辅导者应该与志愿服务对象侧面相向，这样就不会因为直接面对产生压力，既保持了目光接触也有了回避目光的自由。

4. 声音特质

声音包括了嗓音的音质、音量、音调和语速，除了音质这一先天固定的，其他都是可以通过后天的训练而成的。在辅导的过程中，音调的调高和降低都可以表示对所谈内容的强调，但是二者在表达的情绪方面有所不同，调高是激动，降低则可能是敏感、痛苦、伤心。而且谈话时的节奏感也是一个识别的重要指标，若节奏加快则表示紧张和激动，若节奏变慢则有可能是因为冷漠或者沮丧，或者是正在思考是不是要表述，如何表述。辅导者对此的把握，既要结合当时的谈话内容，又要联系整个辅导过程中的前因后果。

在整个辅导的过程中，对于技巧的熟练掌握可以有效地提高辅导的效果，但是不可以只专注于对技巧的应用，更多的是辅导者的态度。

关键术语提要

1.尊重：指辅导人员以平等、民主的方式来接纳来访的残疾人的一种态度和能力。

2.同感：既是一种态度，也是一种行为，它是指辅导者设身处地，像体验自己的精神世界那样体验志愿服务对象精神世界的态度和能力，其核心意义在于理解。

3.真诚：即真实、坦诚。它包含了两层意思，真实地展示自我和诚恳地对待志愿服务对象。尤其是当面对一个残疾人志愿服务对象时，辅导者应该以自己真正的自我而非角色的“我”，不刻意伪装去迎合志愿服务对象。

思考与讨论

1.简述残疾人士心理的一般特征。

2.简述残疾人士心理辅导的特点。

3.简述残疾人士心理辅导的内容。

4.结合实际谈一谈如何运用心理辅导技术对残疾人士提供帮助。

第七章

助残志愿服务中的其他事项

助残志愿服务是一项需要组织化、规范化和专业化的公益事业。本章将介绍助残志愿服务的“三步走”流程，并总结出“四步骤”的助残志愿服务技巧。在助残志愿服务过程中督导的作用也十分重要，它为整个助残服务的顺利开展提供支持。本章最后从组成、发展和管理等三个角度介绍了助残志愿服务网络的构建。

第一节　助残志愿服务流程和技巧

※

助残志愿服务要体现出专业性、计划性和科学性。这项服务并不是光有热诚、时间和精力就可以做好的。遵循一定的活动流程，可以使志愿服务达到更好的助人目的。

一、“三步走”助残志愿服务流程

（一）第一步：对所服务人群进行了解

在活动开展前夕应积极与被服务对象或是其所在的机构进行交流，充分了解即将要服务对象的基本情况、能力水平及实际需求。只有对被服务对象有了充分的了解才能科学地开展志愿服务活动。可以通过访谈了解所服务对象的基本情况、需求以及社会支持等情况。

（二）第二步：对收集的情况进行分析

对于志愿活动的选定要充分考虑被服务对象究竟需要什么样的服务，决不能单纯地以志愿者的意愿进行开展，与此同时，作为志愿者团队也需要审视好自身的能力。应当选择自身可以做的活动，不能一味地追求高大上的活动设计，到最后自身难以进行落实。具体需考虑被服务残疾人士的实际需求与志愿的实际能力的合理匹配，包括资金、时间、专业背景、工作经验等诸多要素。残疾人士可接受时段与志愿者可服务时间的匹配，志愿活动所需经费或是物资与志愿者所能提供的经费或物资的匹配，志愿服务活动具体涉及的专业领域与志愿者专业背景的匹配。

（三）第三步：依据分析制定活动

具体的活动的设定脱离不了志愿者之前的分析。志愿者要根据所帮助的残疾人士的心理年龄、能力水平和实际需求进行综合考量。志愿者需考虑不同年龄段的喜好及阅历的差异性，包括他们的智力水平和心智水平。所谓能力水平就是要简单的判断或去了解被服务的残疾人士究竟是什么缺陷，他们是否可以顺利地参与到志愿者所设定的活动中去，而非勉强参与，这样的效果不是志愿者所追求的。

1. 心理年龄的考量

志愿者可以大致将服务对象划分至幼儿期、青少年期、成年期、老年期四个阶段，幼儿期服务对象应选择简单、易有成就感的游戏；青少年期服务对象应选择具有一定的独立操作性，作为青少年的心智也需要一定的竞技元素的融入；成年期服务对象则更多偏向竞技类和知识类，成年人的心智需要有趣味有内涵的活动；老龄期服务对象则需要相对节奏平缓和观赏、陪伴类的活动，这个年龄段陪伴更入人心。

2. 能力水平

能力水平的判断关系着此项活动残疾人士能否有效地参与。对于能力水平的参与要基于手部的能力、智力水平、腿部能力和文化水平。志愿者需要选择残疾人士可以参与或在志愿者辅助下可以完成的活动，这样的活动意义会更高。

3. 实际需求

作为志愿活动的其中一个主体，志愿者在设计活动时必须明白我们志愿活动的出发点是要去帮助别人，而不是为了开展志愿活动而去开展志愿活动。志愿者需要思考现阶段被服务对象究竟需要什么样的帮助，或者他们是否需要志愿者所创设活动的帮助。

在初步确定活动方案后志愿者应开始考虑活动的具体细节，包括具体活动的用具、活动的流程、活动的预案等。这些细节的前期准备将为活动的顺利进行打下基础。尤其要注意在活动用具选择时，志愿者要考虑到用具的安全性。残疾人对活动用具的使用及对突发事件的应对能力相对较弱，所以志愿者在选择活动用具时应充分考虑安全性和操作的便捷性。

二、“四步骤”助残志愿服务技巧

为残疾人提供志愿服务，热情周到、充满爱心只是外在形式，核心还是要让接受服务的残疾人感到舒心和被尊重。如何做到呢？把握好一看、二问、三听、四助。

（一）看

主要体现在目光交流上。眼睛是心灵的窗口，也是我们表达情感的重要渠道。残疾人士因为自身障碍，多少会对别人的眼光存在芥蒂。志愿者要用真诚和平等的眼光看待，切忌出现惊讶、拘谨或是同情、怜悯的眼神。不要长时间盯着残疾人的残疾部位，或是上下打量肢体残疾人，无意间给对方造成很大的压力，制造出志愿者与服务对象之间的隔阂。与残疾人士在一起时，最好是面带微笑，保持坦诚的目光，让对方感受到你的友好和真诚。

（二）问

与残疾人在一起时要热情，主动地与他们打招呼，并且询问他们需要提供什么样的帮助。询问过程中要做到语调亲切，语速平稳，表达清晰，音量适中。在提供任何帮助之前都要先征求残疾人士的同意，这也是体现尊重的表现。问候或交谈时，最好以“我”开头，“我能为您做点什么？”简单的一句话足以折射出对他人的尊重。志愿者在交流时要有些艺术，特别要注意回避与残疾人生理缺陷有关的词语或是内容，一般也不要涉及致残的原因、治病经历等这些敏感话题。

（三）听

听包含几层含义，一是耐心地听。有些残疾人的语言表达比较慢或是清晰度不高，志愿者要有耐心地听他们陈述，不要带有不耐烦的情绪。二是用心地听。认真听残疾人士所要表述的故事，做到感同身受，能用真诚的理解去给予回应。三是尊重地听。与残疾人士交流时不要随意打岔或是插话，也不要擅自做出评断。切忌不要在与残疾人士交流时三心二意，接电话或是不打招呼和其他人交流，这些都会对残疾人士造成不良的影响。

（四）助

助残是一项专业的志愿者活动。首先，志愿者要观念正确，秉持在平等、尊重的前提下，以消除各种障碍为目的，真诚为残疾人提供参与社会生活的便利。其次，需要志愿者全面了解助残对象，包括残疾类型、主要障碍、人群特点等。同时，要掌握专业的助残技巧，能适当地、准确地为残疾人提供专业的服务。

第二节　助残志愿服务督导

※

在志愿服务中督导的作用非常重要，督导主要指导志愿者一些必要的知识与技能，以便志愿者尽可能好地完成其志愿工作。他们是志愿者和具体工作之间的纽带，为志愿者创造一种使他们感到自己被接纳、被认同的工作环境。

一、助残志愿服务督导的相关概念

（一）助残志愿服务督导定义

助残志愿服务督导，即由社会工作者教育培训、组织支持引导以残疾人为服务对象的志愿者，策划评估志愿服务过程，以有效地实施志愿服务。它是专门针对助残志愿者管理，为其提供行政、教育、情绪支持的特殊领域[①]。

督导是发展和维持高水平助残志愿服务的一项核心要素。督导的首要目标是要使志愿者有能力进行志愿服务，并确保及促进志愿者具有独立工作实务能力，最终令服务对象残疾人受惠。

① 张莉萍．助残志愿服务督导的角色、特点及问题 [J]. 中国社会工作，2017（6）: 51-52.

（二）助残志愿服务督导的目的

一是协助志愿者认清和肯定志愿服务的价值，为志愿者提供必要的工作知识和技巧，帮助他们成长。

二是协助志愿者了解组织和机构功能，促进机构和志愿者双方的良好沟通。

三是评估助残志愿者的工作效果，提出改善的建议。

二、督导在助残志愿服务中的角色

（一）组织者和管理者

助残志愿服务督导发挥行政功能主要体现在整个项目的监控过程，包括志愿者的招募与选择、志愿者的引导与安置、工作计划与分配、工作监督、工作回顾与评估、工作授权与协调等①。具体分为以下三方面：一是志愿者招募与组织。督导把关助残志愿服务组织和活动项目信息的制定和发布，志愿者根据自身特长技能自由选择参与其中。二是策划和监管志愿服务。协助助残志愿服务计划的制订，安置和引导志愿者，按照制定的服务计划进行人员的分工。三是对项目实施过程进行必要的跟踪与监督。定期召开联系助残志愿服务组织工作会议，建立各级残联、共青团与助残志愿服务组织定期对话机制，并对项目资金进行监察。

（二）教育者

提供助残志愿者学习和反思的机会，督导协助志愿者将知识运用到实际助残对象中，发展与助残工作必备的技术和能力，还有对待助残对象的正确态度。具体可以分为两个方面：一是对志愿者进行培训，如志愿服务通识培训、服务技巧培训、团队管理方法培训、素质拓展培训等。二是为助残志愿者提供专业指导。通过专业指导，增强志愿者观察、分析、评估的能力，进而对服务对象的情况和问题有更深入的了解，不断地调整自己的工作技巧，为服务对象提供适切的帮助。

① 张莉萍．助残志愿服务督导的角色、特点及问题 [J]. 中国社会工作，2017（6）：51-52.

（三）倡导者

助残志愿服务督导与志愿者一起倡导普及志愿精神、慈善文化、“助人自助”工作理念，督促项目实施团队建立展示项目的微博、微信公众号，充当宣传员，并对项目宣传平台更新情况进行监督。依托微博、微信等新媒体手段，定期发布一些志愿服务的信息，使公众更多地了解志愿活动的计划以及开展情况，让更多的人了解志愿服务，参与到志愿服务的队伍中来。这也是助残志愿督导的很重要的职责。

（四）支持者

作为督导，要给予志愿者情绪支持，协助其面对压力，营造安全、温暖的工作氛围，鼓励志愿者表达内心的感受和疑问；适时给予志愿者正向的回馈，提高其专业自信；留意志愿者是否有替代性创伤，协助他们抒发产生的负面情绪，学习克服自身无助的感觉；鼓励志愿者思考解决问题的方法，不断提高志愿者的专业技巧。建立志愿者心理辅导专家平台，对志愿者进行心理调适，协助志愿者厘清专业价值观与个人价值观的差别。

三、助残志愿督导的工作内容

（一）根据助残志愿者的基本要求，协助志愿者建立适当的服务价值和工作态度

志愿者参与服务的动机分为自我取向和利他取向。自我取向的希望在服务过程中学习和成长，让自己的人生有价值和意义；利他取向的希望在服务中可以帮助别人，促进社会公平。只有确切了解志愿者的基本需求后，给予必要的协助和回馈，才能维持其参与的动机，让他们从助残志愿服务中收获成就感、使命意识和责任感[①]。

（二）建立助残志愿者和督导之间彼此信任的关系

督导和助残志愿者之间的角色职责应尽早明确，以免彼此产生不信任感，志愿者会觉得有人来督导自己是一种监视或是不信任，难免产生抗拒督导的心理。因此要尽快让督导和志愿者双方共同确认志愿服务目标和

① 全国社会工作者职业水平考试教材编写组．社会工作综合能力（中级）[M]. 北京：中国社会出版社，2015：284-288.

督导工作的目标，让志愿者肯定督导工作的价值，都是为残疾人提供最佳质量的服务。督导过程中双方的角色职责和期待如何，都应进行详尽的讨论，以便达成共识，减少督导过程中双方不必要的冲突。

（三）做好志愿者和机构的沟通工作

督导有责任协助志愿者认识机构政策和规则。做好机构和志愿者的沟通工作，有效的沟通可以提供志愿者在服务中需要的资讯，也有利于培养志愿者对机构和机构目标的支持态度。同时也可以及时将志愿者的心声或是遇到的困难反映给机构，促进机构订立更适合的志愿者服务方案和规则。

（四）切实做好工作安排和分配

督导的重要工作是根据志愿者本身的意愿和条件，结合志愿者的空闲时间、能力和经验，做好工作安排，使他们能够胜任服务。在安排工作的时候，要以尊重为前提，根据志愿者的能力适度地安排工作，激发他们参与的主动性，这样才能在服务过程中获得自我认同，取得更大成就。督导要及时评估志愿者工作的状况，必要时要为志愿者提供专业的训练，在志愿服务过程中持续地提供指导，教导其提高工作效率的技巧、改善服务质量的方法。

（五）妥善处理志愿者的冲突问题

在为残疾人提供服务的过程中，难免会产生冲突。这种冲突来自志愿者之间或是志愿者与服务对象之间等。例如当志愿者之间因为服务目的、责任分工不明确时就会出现矛盾。矛盾产生后要及时处理，积压只会导致爆发更严重的误会。因此督导在处理冲突时，一定要冷静和公正，站在双方的立场上思考，以事论事，针对具体问题进行调解和处理。

第三节　助残志愿服务网络构建

※

助残志愿服务也需要具备一定资源才能更好地开展。助残志愿者及组织应根据残疾人实际需求及困难，通过整合相关资源构建助残服务资源网络，开展助残志愿服务，并做好服务资源的有效管理。

一、助残志愿服务网络的组成

助残志愿服务资源网络包括正式资源网络和非正式资源网络。正式资源网络主要是社区、政府、志愿者、社会正式组织构成的资源网络。残疾人社区康复的重点在社区，在社区内需要用到的助残志愿服务资源点有4类：一是残疾人基层管理组织，如残联、残疾人协会、康复站、工疗站等；二是社区内的社会组织，如一些协会、基金会、企事业单位等；三是社区内的公共设施，如公园、广场、体育馆、影剧院、商场等；四是社区福利，如社区的分红、社保等。志愿者是助残志愿服务资源网络中的重要组成部分。这里并不是说要招募众多的助残志愿者，而是要能链接到更多的志愿者组织，整合志愿者个人及组织资源来构建志愿者资源网络。

非正式资源网络主要是家庭、邻里、亲友、非正式组织构成的资源网络。家庭资源方面，可以发展残疾人家属作为志愿者，引导家属之间相互支持及合作、资源共享，并促成家庭成员之间的理解与支持。邻里亲友资源方面，可以发展社区居民作为志愿者，“一对一”帮扶及照料有需要的残疾人服务对象，营造邻里互助、亲友帮扶的社区氛围。民间非营利组织资源方面，可以收集和发掘社区内的公益组织资源，注重通过社会各方公益力量的链接及投入助推助残志愿服务发展。

二、助残志愿服务团队的持续发展

助残志愿服务事业的发展离不开各个志愿服务团队的长期发展与支持。一个助残志愿者团队的长期发展需注意以下几个问题：

（一）团队人员的流动性问题与经验的传递

任何一个志愿者团队尤其是大学生志愿者团队都面临着人员的流动问题，这样的流动主要源于学业的压力增大、常住地的变更、时间的匹配不合理等等。这些因素对志愿者团队来说难以避免。这样一个流动所带来的直接影响就是志愿活动的质量下降和包括管理和服务理念的变更。这种变更对于团队发展的好坏我们是难以判断的，同时对于服务项目的稳定性也有着难以预估的影响。作为志愿者团队来说，既然人员的流动不可避免，就应当做好人员的对接，同时总结经验并制定自己的管理与运作体系，有个成形的文件让整个团队学习。这样既可以让团队运作更加稳健，同时也可以减少人员流动带来的影响。另外，作为志愿者团队应当尽量减少不可抗拒因素的人员流失，这包括志愿者物质保障不足、志愿配置不合理以及负激励措施及认同度不高所带来的影响。其实很多志愿者退出都是源于志愿者管理机制的不合理，造成志愿者成为廉价劳动力，或是对服务岗位毫无兴趣，甚至于志愿者被闲置。

（二）建立健全志愿者长效激励机制并提高志愿者的社会认同度

对于助残志愿者，应当精神与物质奖励相结合，这种奖励其实质就是平衡以大学生为主的无收入群体的志愿服务交通、餐食开销。对于志愿者的优秀事迹必要时也需要进行表彰和推广，一方面是对志愿者精神上的奖励，另一方面也是志愿者经验的推广。奖励不是用来谋利，而是一种对志愿者的肯定。社会认同的提升一方面是肯定，也是对志愿服务的宣传，传递志愿服务精神。

（三）建立完善的志愿者培训和选拔机制

志愿者的专业化和标准化对于志愿者团队的长期稳定有显著的意义。志愿者培训应包括志愿服务理念培训、服务技能培训以及政策法规培训。服务理念培训有利于助残志愿者更深地理解自己即将从事的志愿活动的意义，同时也树立一个正确的价值观，让志愿者逐渐理解志愿服务的真谛。服务技能培训是由于助残志愿者服务对象的特殊性决定志愿者必须经过技能培训，这也是在遵循助残志愿服务的科学性原则，是对服务对象负责。技能培训同时可以让志愿者上岗前明白自己要去担负什么样的责任、具体怎么去做。政策法规培训是对志愿者合法权益的保障，让志愿者明确自己的责任与义务。所谓助残志愿者选拔机制就是对志愿的能力和意向进行甄别，尽可能地满足志愿者的主观意愿，并分配符合其能力的工作内容，一方面有助于提高志愿服务的质量，也在一定程度上增加了志愿者的服务积极性。

（四）完善志愿者监督机制

作为志愿者组织，出于对服务质量负责的原则应建立多层次的监督机制，切实监督志愿者的服务质量，并及时发现问题解决问题，只有不断地完善自身才可以长期稳健地发展下去。

（五）团队内部行政事务能力水平的提升

这其中包括具体职责的划分、行政事务处理速度提升、制度的体系化等等。这些事务直接关系着志愿服务团队整个志愿服务运行的质量和效率。

（六）提升团队自我“供血”能力

我国志愿服务团队普遍存在资金不足的困惑，没有稳定的资金支持，整个志愿服务团队就难以长期开展。助残志愿服务虽盈利但必要的支出也是不可避免的。所以，稳健的资金融入也是志愿团队长期发展不可或缺的要素。

三、助残志愿服务网络的管理

资源管理是志愿服务组织建设的一个重要内容。行之有效的资源管理，能够避免资源因为人事变动、场地变动、电话变动等原因而流失，也可以避免志愿服务资源浪费，节约服务成本，促进资源合理使用。

（一）广泛征集志愿者，网络化管理

现在是网络社会，可以利用网络资源更多地收集志愿者资料，进行系统实时的管理。网络化管理实现了组织的“无边界化”，这并不是没有边界或者不需要边界，而是不需要僵硬的边界，需要的是使组织具有可渗透性和灵活性的边界，其界限越来越趋向于无形和虚拟。只要对某项志愿服务有兴趣，就可以加入，这使得志愿服务参与度增加，社会化趋势明显。网络化的管理模式可以将组织所面临的众多分散的信息资源加以整合利用，以最大限度地发挥志愿者组织的潜能与价值。基于网络所具有的广泛性优势，无论什么类型的兴趣爱好都可以在网络空间发现志同道合者。具有志愿精神的志愿者聚集到一起形成网络志愿者群体，对志愿服务大有裨益。而以网络为媒介进行公开招募正是组建专业化志愿者群体的良好方式。另外，网络化管理使志愿者可以超越时空限制，组成各种充分利用地缘资源和历史资源的群体，还可以实现青年志愿服务活动的互补优化。

（二）定期对资源情况进行检视和更新

为了保持资讯的时效性，充分发挥网络管理的优势，要定期对资源情况进行检查和更新。包括志愿者资料、志愿者督导资料、志愿活动咨询发布、志愿者团体的维护等，保证助残志愿服务资源处于良性的动态水平。

（三）对资源进行定期维护，维系资源供给状态，避免资源流失

资源是需要不断修护的，要保证资源系统正常而可靠地运行，并能使资源系统不断得到改善和提高，以充分发挥作用。因此，资源维护的任务就是要有计划有组织地对系统进行必要的跟进，以保证系统中的各个要素随着环境的变化始终处于最新的、有效的工作状态。

关键术语提要

1.助残志愿服务督导：由社会工作者教育培训、组织支持引导以残疾人为服务对象的志愿者，策划评估志愿服务过程，以有效地实施志愿服务。它是专门针对助残志愿者管理，为其提供行政、教育、情绪支持的特殊领域。

2.助残志愿服务资源网络：包括正式资源网络和非正式资源网络。正式资源网络主要是社区、政府、志愿者、社会正式组织构成的资源网络。非正式资源网络主要是家庭、邻里、亲友、非正式组织构成的资源网络。

思考与讨论

1.简述“三步走”的助残志愿服务流程。

2.“一看、二问、三听、四助”助残志愿服务技巧的内涵是什么?

3.结合所学谈一谈助残志愿服务督导的重要性。

4.结合实际案例，阐述如何构建助残志愿服务网络。

附录

中国助残志愿者注册管理办法[①]
（试行）

第一章　总　则

第一条　为切实加强志愿助残工作，进一步弘扬人道主义思想，传播志愿助残服务理念，提升志愿助残专业化水平，推进志愿助残活动的规范化、制度化发展，制定本办法。

第二条　本办法所称中国助残志愿者（以下简称助残志愿者），是指在残联组织或在残联组织授权的单位注册登记、参加助残服务时间累计达到3小时以上的志愿者。

第三条　助残志愿者参加助残志愿服务活动，不以获得报酬为目的，无私奉献自己的时间、知识、技能、资源和爱心，自愿为残疾人提供服务，并接受残联组织或者志愿助残组织的统一管理。

第二章　招募和注册

第四条　助残志愿者面向社会公开招募。

第五条　申请注册成为助残志愿者应当具备以下基本条件：

（一）遵守国家法律法规；

（二）富有爱心和奉献精神，关爱残疾人；

（三）具备参加助残志愿服务所要求的身体条件和服务能力；

（四）遵守注册机构的相关规定；

① 中国残疾人联合会．中国助残志愿者注册管理办法 [EB/OL]. (2013-06-28)[2021-08-20]. http://www.lncl.org.cn/clywpd/clzl/clzyzc/201610/t20161011_2543423.html.

（五）未成年人参加助残志愿服务，应征得监护人同意。

第六条　以下机构负责助残志愿者注册管理：

（一）县级残联为助残志愿者注册机构，负责助残志愿者的注册管理工作。省级（含副省级）、市级残联根据实际需要，也可开展助残志愿者注册，负责同级党政机关、企事业单位、大中专院校等部门和单位助残志愿者的注册管理工作。

（二）各级残联直属企事业单位、残疾人比较集中的单位，以及其他志愿助残组织，经所在地的县级残联或者同级的省、市级残联授权，可以开展助残志愿者注册管理工作。

第七条　注册为助残志愿者需履行以下程序：

（一）申请人持有效身份证件直接到助残志愿者注册机构（或通过网络等方式）提出申请，填写全国统一格式的《中国助残志愿者注册登记表》；

（二）注册机构对申请人进行审核；

（三）审核合格，注册机构向申请人颁发“中国助残志愿者证”、“中国助残志愿者”胸章。

第八条　助残志愿者注册后需领取中国助残志愿者证。中国助残志愿者证是助残志愿者的身份证明，由中国残疾人联合会统一设计样式。

中国助残志愿者证的注册证号编制规则由中国残疾人联合会统一确定。

（一）注册证号由19位数字组成。县级残联所开展的注册证编号方式是：第1—6位数字为注册组织所在地代码，根据《中华人民共和国行政区划代码》确定；第7—14位数字为志愿者出生年月日，第15—19位数字为注册助残志愿者个人代码，一般由所在地的注册机构根据助残志愿者注册的先后顺序确定。市级残联在县级残联的基础上，将第5—6位以0代替；省级残联在县级残联的基础上，将第3—6位以0代替；其余编号同上；

（二）开展志愿助残工作的各级残联直属企事业单位，残疾人比较集中的单位，以及其他志愿助残组织，其注册号段由所在地的县级残联或同级的省级、市级残联根据实际分配；

（三）为便于全国助残志愿者的统一管理，助残志愿者注册后即获得全国统一使用的注册证号。注册证号在助残志愿者证上标明，并记录在助残志愿者本人的注册档案中。每名助残志愿者的注册证号永久使用，因死亡、失踪、丧失民事行为能力、违法、未履行助残志愿服务义务等情况而被取消注册助残志愿者资格的，应当注销其注册证号，被注销的注册证号原则上不再重新使用。因学习、工作、生活等变化需要迁移、调动时，助残志愿者需要办理转出（入）手续，注册证号不变。

第三章　权利和义务

第九条　助残志愿者享有以下权利：

（一）参加助残志愿服务活动；

（二）接受相关的助残志愿服务培训；

（三）获得从事助残志愿服务的必需条件和必要保障；

（四）优先获得助残志愿者组织提供的服务；

（五）对助残志愿服务工作提出意见和建议；

（六）相关法律、法规、政策所赋予的其他权利；

（七）申请取消助残志愿者身份。

第十条　助残志愿者应当履行以下义务：

（一）遵守国家法律法规及注册机构的相关规定；

（二）每名助残志愿者每年参加志愿服务时间累计不少于10小时；

（三）履行助残志愿服务承诺，积极参与助残志愿活动；

（四）自觉维护注册机构和助残志愿者的形象；

（五）自觉维护服务对象的合法权益；

（六）自觉抵制任何以助残志愿者身份从事的营利活动或其他违背社会公德的行为；

（七）履行相关法律法规及注册机构规定的其他义务。

第四章　服务与对接

第十一条　注册机构应明确志愿助残的服务范围和要求：

（一）助残志愿服务范围主要包括：康复医疗、教育培训、就业扶贫、文化生活、体育健身、权益维护、家政服务、出行服务、心理辅导、大型活动等；

（二）助残志愿者参加志愿助残服务，应当通过与注册机构、组织方或服务对象签定志愿助残服务协议书等形式，明确服务内容、时间和有关的权利、义务；

（三）未成年人助残志愿者应当参加与其年龄、能力相适应的助残志愿服务。

第十二条　注册机构应为助残志愿者和残疾人提供相应的对接服务。

（一）志愿助残注册机构通过网络、报刊杂志、公告栏等形式向助残志愿者发布残疾人实际需求信息，提供服务岗位，助残志愿者按照相关要求开展助残志愿服务；

（二）鼓励助残志愿者自行联系服务岗位，经所属的注册机构认可后，按照相关规定自行开展助残志愿服务。提倡具有相同服务意向和志趣爱好的助残志愿者在注册机构的指导下结成助残志愿服务团队，独立自主地开展志愿助残服务工作。注册机构应承认其志愿助残服务时间的有效性；

（三）各级残联组织可依托残疾人服务需求相对集中的机构，通过签定协议、命名挂牌等形式创建助残志愿服务基地，探索建立助残志愿者经常性、就近就便开展助残志愿服务的有效机制。

第五章　组织与管理

第十三条　各级残疾人组织应当履行以下职责：

（一）中国残疾人联合会组织联络部负责全国助残志愿者工作的规划、协调、指导和督查；

（二）省级、市级残联根据本地实际制定助残志愿者注册管理实施细则，推动助残志愿活动广泛开展；

（三）县级残联负责开展志愿助残注册和管理工作；

（四）乡级残联、村级残协通过建立志愿助残联络站（点）、志愿助残组织等形式，广泛开展助残志愿者的登记、联络和对接服务等工作；

（五）地方各级残疾人组织应当做好助残志愿者的管理服务工作，逐步建立健全宣传招募、登记注册、服务对接、培训管理、考核评价、激励表彰等长效机制。

第十四条　注册机构应当加强助残志愿者的日常管理。

（一）助残志愿者参加志愿服务后，由服务对象或者志愿助残活动组织方提供助残志愿者的服务时间、服务内容等证明，注册机构予以认定，并在助残志愿者证中注明、盖章。服务时间为实际服务时间（不含往返时间），以小时为计量单位，不满半小时的以半小时计算，满半小时但不满一小时的以一小时计算；

（二）助残志愿者使用全国统一的标识。开展志愿服务活动时，助残志愿者应当佩带以全国统一标识为主体图案的标志；

（三）注册机构应当建立健全助残志愿者档案管理系统，逐步实现网上注册和实时管理，促进管理工作的科学规范；

（四）注册机构或志愿助残活动组织方可以在重大活动或者需要的场合组织助残志愿者进行宣誓。助残志愿者誓词为：

我愿意成为一名助残志愿者，弘扬人道主义思想，践行志愿服务精神，不计报酬，尽己所能，为帮助残疾人而奉献爱心和力量！

（五）注册机构负责助残志愿者的培训工作，开展助残志愿服务基本理念和相关技能培训；向助残志愿者骨干提供专业培训，提高助残志愿者的服务能力和综合素质；

（六）注册机构应当落实和保障助残志愿者的有关合法权益。在助残志愿服务活动过程中，由他人给助残志愿者造成伤害和损失，或者助残志愿者给他人造成伤害和损失，按照相关法律法规规定办理；

（七）注册机构负责开展年度审核工作，并做好相关档案记录工作。助残志愿者年度参加志愿服务的时间不满10小时的，或者有拒不履行义务等其他不符合助残志愿者要求的，年度评定为不合格；连续两个年度不合格者，取消其助残志愿者资格，收回其助残志愿者证和助残志愿者胸章；

（八）对于助残志愿者在注册之前参加的助残志愿服务，由各级残联组织或者志愿助残组织予以认定。能够提供有效证明的，服务时间可予以承认，但起始时间不得早于2011年1月1日。

第六章　评价与表彰

第十五条　注册机构依据已认定的志愿者服务时间，实行星级评定制度和表彰奖励制度。

第十六条　注册机构根据助残志愿者注册后参加助残志愿服务的时间累计和贡献，评定其为一至五星助残志愿者，并由相关机构授予助残志愿者星级证书。星级助残志愿者应佩戴相应标志（各地自行设计）。

（一）助残志愿者注册后，参加助残志愿服务时间累计达到50小时的，评定为“一星助残志愿者”；

（二）助残志愿者注册后，参加助残志愿服务时间累计达到100小时的，评定为“二星助残志愿者”；

（三）助残志愿者注册后，参加助残志愿服务时间累计达到150小时的，评定为“三星助残志愿者”；

（四）助残志愿者注册后，参加助残志愿服务时间累计达到200小时的，评定为“四星助残志愿者”；

（五）助残志愿者注册后，参加助残志愿服务时间累计达到300小时以上的，评定为“五星助残志愿者”。

星级助残志愿者由中国残疾人联合会授权的相应残联组织审核评定并颁发星级证书。县、市、省级残联分别负责本级（和本级所授权的志愿助残组织）注册的助残志愿者一星至三星的审核评定，四星和五星需报省级残联审核评定。星级证书的颁发原则上安排在每年全国志愿助残阳光行动主题活动日（7月6日）期间举行。

第十七条　各级残联组织依据助残志愿者的服务业绩和服务时间，定期组织开展评选表彰活动，授予助残志愿者荣誉称号。

（一）助残服务时间累计达到450小时的，优先推荐为县级志愿服务、扶残助残等表彰人选；

（二）助残服务时间累计达到600小时的，优先推荐为市级志愿服务、扶残助残等表彰人选；

（三）助残志愿服务时间累计达到800小时的，优先推荐为省级志愿服务、扶残助残等表彰人选；

（四）助残志愿服务时间累计达到1000小时的，优先推荐为国家级志愿服务、扶残助残等表彰人选；

（五）四星级以上助残志愿者在升学、就业、晋级、晋职、晋薪、参军、表彰奖励等过程中，各级残联组织和志愿助残注册机构应积极推荐，争取有关部门优先考虑；各级残联组织及直属企事业单位要起带头示范作用；

（六）四星级（含）以上助残志愿者名单及简要事迹应于每年度的5月底之前由各省（自治区、直辖市）残联上报中国残疾人联合会组联部备案。

第七章　附　则

第十八条　各级残联可依据本办法，结合本地实际，制定具体实施细则。

第十九条　本办法的修改、变更、解释权属于中国残疾人联合会。

第二十条　本办法自公布之日起施行。

中国残联办公厅2013年6月28日印发

参考文献

[1]北京志愿服务发展研究会.助残志愿服务实务指南[M].北京：中国国际广播出版社，2017.

[2]北京志愿服务发展研究会.中国志愿服务大辞典[M].北京：中国大百科全书出版社，2014.

[3]陈惠英，李楚翘，杨晶. 康复辅导工作[M]. 北京：商务印书馆，2011.

[4]丁元竹.中国志愿服务研究[M].北京：北京大学出版社，2007.

[5]江苏省残疾人事业发展研究会，南京大学残疾人事业发展研究中心.中国特色残疾人事业概论[M].北京：华夏出版社，2017.

[6]刘春玲，江琴娣. 特殊教育概论[M].上海：华东师范大学出版社，2008.

[7]彭小虎，王国峰，朱丹.小学生心理辅导[M].上海：华东师范大学出版社，2012.

[8]全国残疾人康复工作办公室，中国残疾人康复协会.残疾人康复咨询教材[M].北京:华夏出版社，2008.

[9]全国社会工作者职业水平考试教材编写组. 社会工作综合能力（中级）[M].北京：中国社会出版社，2015.

[10]王辉.特殊儿童教育诊断与评估[M].南京：南京大学出版社，2015.

[11]王玉龙.康复功能评定学[M].北京:人民卫生出版社，2013.

[12]吴素梅，唐文红.大学生朋辈心理辅导理论和务实[M]. 广西：广西师范大学出版社，2013.

[13]许巧仙，谢净.残疾人专职委员培训教程[M].南京:南京师范大学出

版社,2014.

[14]赵悌尊.社会康复基层工作人员手册[M].北京：华夏出版社，2008.

[15]郑功成.中国残疾人事业发展报告[M].北京：人民出版社，2011.

[16]郑晓瑛，孙喜斌，刘民.中国残疾预防对策研究[M].北京: 华夏出版社, 2008.

[17]周沛、曲绍旭、张春娟等.残疾人社会工作[M].北京：社会科学文献出版社, 2012.

[18]卓彩琴.残疾人社会工作[M].广州：华南理工大学出版社, 2008.

[19]迈克尔·奥利弗.残疾人社会工作[M].谢子朴，谢泽宪，译.北京：华夏出版社，1990.

[20]兰继军，胡文婷，赵辉. 残疾人心理发展问题及影响因素的质性研究[J].现代特殊教育，2015（12）:3–7.

[21]雷娟.志愿者立法障碍探析[J]. 价值工程，2013（3）：327–329.

[22]李文涛，谢文澜，张林.残疾人与正常群体心理生活质量的比较研究[J]. 中国健康心理学杂志，2012（7）：993–995.

[23]李志明，徐悦. 树立新型残疾人观，促进残疾人社会参与和融合[J].社会保障研究，2010（1）：533–538.

[24]刘虹.关爱弱势人群构筑无障碍城市[J]. 北京规划建设，2001（2）：23–25.

[25]刘静.浅谈国内外无障碍设计的发展[J]. 安徽建筑，2002（5）：26–27.

[26]刘蕾.沈阳市城市残疾人无障碍环境建设研究[D].辽宁：东北大学，2011：13–14.

[27]刘志超，毛小平，彭蕾.智力残疾的致残病因调查分析[J].中国康复,2009（12）:393–395.

[28]彭晓霞，王嵬.残疾概念框架演变对残疾调查的影响[J].残疾人社会保障与服务国际论坛暨第三届中国残疾人事业发展论坛文集，2010（6）：8.

[29]全国残疾人康复工作办公室，中国残疾人康复协会.残疾人康复咨询教材[M].北京: 华夏出版社, 2008.

[30]魏娜.我国志愿服务发展：成就、问题与展望[J].中国行政管理，

2013（7）：64–67.

[31]杨璞，桂宝恒，邬玲仟.智力障碍的病因及诊断方法[J].中国当代儿科杂志，2015（6）：543–548.

[32]尤妮娜.助残义务家教志愿者队伍建设的实践与思考[J].广西师范学院学报，2015（7）：93–96.

[33]张莉萍.助残志愿服务督导的角色、特点及问题[J]. 中国社会工作，2017（6）：51–52.

[34]张鹏.如何构建助残志愿服务资源网络[J].中国社会工作，2017（3）：53.

[35]邹南昌.城市无障碍设施的建设与管理[J]. 城市道桥与防洪，2003（4）：78–79.

[36]王晓慧.积极发挥“中国作用”残疾人领域国际交流合作再起航[N].华夏时报，2018–9–28.

[37]武胜男.十八大以来残疾人累计脱贫539.2万人[N].公益时报，2019–1–29.

[38]国家标准化管理委员会，民政部，中国残联. 残疾人残疾分类和分级: GB/T26341—2010[S/OL].(2011–05–01)[2021–08–20].http://www.hngy.gov.cn/zwgk/fggw/content_1491288.html.

[39]国家统计局. 社会统计数据：组织建设情况（2009）[EB/OL].(2012–09–05)[2021–08–20].http://www.stats.gov.cn/ztjc/ztsj/hstjnj/sh2009/201209/t20120905_72980.html.

[40]国务院新闻办. 2006年第二次全国残疾人抽样调查主要数据公报[EB/OL].(2006–12–01)[2021–08–20].http://www.scio.gov.cn/xwfbh/xwbfbh/wqfbh/2006/1201/Document/325201/325201.htm.

[41]中国残疾人联合会. 中国助残志愿者注册管理办法[EB/OL].(2013–06–28)[2021–08–20].http://www.lncl.org.cn/clywpd/clzl/clzyzc/201610/t20161011_2543423.html.

后 记

※

随着全社会对残疾人关注度的不断提高，越来越多的人带着满腔的热忱和拳拳爱心加入到了助残志愿服务的队伍中。但是如何让助残服务体现出高质量？如何能让残疾人真正从助残中受益？这是我从构思本书到完稿两年多一直在思考的问题。“平等”和“适性”也许是个答案。

平等。《管子·形势解》中提到“天公平而无私，故美恶莫不覆；地公平而无私，故小大莫不载”。“平等”的本意是不偏袒，它承认双方事物存在差异，但在此基础上做到不袒护任何一方。“平等的扶助”是指在扶助过程中同等地对待残疾人，赋予残疾人同样的权利、承担同样的责任、获得同样的机会，不存在怜悯和歧视。残疾人需要的不是同情，不是“优待”，而是尊重。

适性。适合被服务者本性和个性的帮扶。其核心点在于承认并且尊重个体的差异性，回归到以个体为本位来探索适合个体的帮扶模式。志愿者要去研究你的服务对象，每个人都是一个独立的个体，性格、兴趣、能力等都不一样，要了解他们的需求、难点，多倾听他们的心声和意愿，多关注他们的期望和选择。尤其是看到他们的优势潜能，“以长补短”，这样才能让他们感受到人与人的平等，以及被信任、被理解的温暖。

在此感谢参与本书编辑的桑俊杰、梁梓娇、何梓凌、刘欣欣、韦惠、戴瑜。本书编辑过程中参考了许多国内外相关文献与资料，在此向各位作者表示衷心感谢。

助残事业崇高而艰巨、任重而道远，让我们一起携手往前走！“回首向来萧瑟处，归去，也无风雨也无晴。”

编者